내;일 전환

내;일 전환

시대를 살아내는 힘

지난날을 돌이켜보면 '그때 그 순간이 있었기에 내 인생은 완전히 다른 길을 달려왔어.'라고 생각되는 경험이 있다. 바로 그 순간, 우리는 무엇을 경험했을까?

"지금 이 길이 맞는 걸까?"
"더 나은 삶을 위해 뭔가를 바꿔야 할까?"
"지금까지 해 왔던 방식이 아닌 새로운 방법을 시도해 볼 용기가 나에게 있을까?"

살아가면서 누구나 한 번쯤 이런 질문을 던지게 된다. 내가 걷고 있는 이 길이 옳은지, 지금 당장 무언가를 바꿔야 할지, 아니면 조금 더 버텨야 할지 고민하게 된다.

변화의 순간마다 우리는 두려움과 기대 사이에서 흔들린다. 전환이 새로운 가능성을 열어준다는 걸 알면서도, 그 선택이 가져올 불확실성이 부담스럽기 때문이다. 그러나 분명한 것은 전환은 단순한 선택이 아니라 '생존'이라는 것이다.

전환이 필요하지 않은 사람은 없다. 환경이 바뀌고, 삶의 목표가 달라지며, 예상치 못한 도전에 부딪힐 때마다 우리는 전환의 문 앞에 선다. 중요한 것은 변화를 맞이하는 것에 그치지 않는다. 그 순간을 어떻게 준비하고, 기회로 활용해 나의 삶을 결정하느냐가 핵심이다. 성공한 사람들은 전환의 본질을 잘 이해하고 있다. 그들은 상황을 다르게 보고, 새로운 가능성을 발견하며 자신만의 길을 만들어간다. 그리고 이러한 선택이 결국 그들의 성장을 이끈다.

이 책은 다음과 같은 질문에 답을 제시한다.

- 지금 당신이 걷고 있는 길이 옳은 길인가?
- 전환의 순간, 당신은 무엇을 놓치고 있는가?
- 성공한 사람들은 어떻게 전환을 활용할까?
- 전환을 통해 더 나은 자신으로 어떻게 나아갈 수 있을까?

전환력은 기대를 현실로 바꾸는 힘이다. 이 힘은 새로운 길을 열고, 기회를 붙잡으며, 더 나은 자신으로 나아가는 능력과 직결된다.

전환하지 않는 사람은 결국 멈추고 만다. 반면 전환할 수 있는 사람은 변화무쌍한 시대 속에서도 자신을 단단하게 만들어 간다. '기회'는 전환의 순간에만 온다. 익숙한 것을 내려놓고 낯선 길을 택할 용기가 없으면 새로운 가능성은 우리 곁을 스쳐 갈 것이다.

전환은 삶의 방향을 바꾸는 선택이면서 동시에 우리를 성장시키는 과정이다. 길이 보이지 않을 때 새로운 길을 찾고, 막혀 있는 상황에서 돌파구를 만들어 준다. 물론 쉽지 않다. 익숙함을 내려놓고 불확실함을 마주해야 하기 때문이다. 하지만 그 불확실함을 직면하는 순간 우리는 더 강해진다. 어려움을 넘고 새로운 시도를 할 때마다 단단해지기 때문이다. 그리고 그 과정에서 더 유연하고 창의적인 사람이 된다.

당신이 느끼는 막막함은 단순히 더 열심히 살지 않아서가 아니다. 지금 필요한 것은 '기존 방식의 고수'가 아니라 '전략적 전환'이다. 늘 하던 대로 열심히 살아왔던 사람들에게 전환은 낯설게 느껴질 수 있다. 하지만 다르게 보면 다른 길이 보이는 법이다.

전환은 보지 못했던 가능성을 발견하게 하고, 새로운 선택지를 열어준다.

전환의 순간은 생각보다 가까이 있다. 오늘 당신이 내리는 작은 선택이 내일의 전환을 이끌 것이다. 이 책은 단순히 전환이 필요하다고 말하지 않는다. 전환의 시선과 사고를 효과적으로 삶의 관계에 적용하는 방법을 제시한다. 바로 지금이 늘 하던 방식에 의문을 던지고, 스스로를 다시 돌아보며, 당신의 전환을 최적화할 때다.

당신은 전환하고 있는가. 전환 없는 삶은 결국 멈춰 있는 삶이다.
이제 전환의 문을 열어라.
그것이 당신이 더 나은 삶으로 나아가는 시작이 될 것이다.

차례

PART 1
변화

——————— 세상의 변화 ———————

PART 2
전환

——————— 시선 전환 ———————

도구 전환

PART 3

자원

전환을 추진할 시간의 힘

PART
1

변화

세상의
변화

'전환의 시대'가
온다

"생존하는 것은 강한 종이 아니고, 똑똑한 종도 아니다.
변화에 가장 잘 적응하는 종이다."

— 찰스 다윈

넷플릭스의 AI(인공지능) 기반 추천 알고리즘은 사용자 시청 데이터를 분석해 개인화된 콘텐츠를 제공한다. '혁신과 적응'의 상징이라 할 수 있는 넷플릭스는 AI 시대를 선도하며 비즈니스 모델을 지속적으로 혁신해 나갔다. 반면, 블록버스터는 디지털 전환과 AI 기술의 중요성을 간과한 대표적인 사례다. 비디오 대여 사업으로 전성기를 누리던 블록버스터는 디지털 스트리밍과 AI 추천 시스템의 필요성을 외면했다. 소비자들이 점점 더 편리함을 추구하는 상황에서도 블록버스터는 오프라인 매장에만 의존하며 변화하는 시장에

세상의 변화

뒤처졌다. 결국 블록버스터는 넷플릭스 같은 혁신적인 서비스에 밀려 시장에서 사라지며 기술 변화에 대한 부적응의 상징으로 남게 되었다.

　AI는 세상 변화를 주도하는 핵심 기술로 자리매김되었고, 이를 효과적으로 활용하면 더 큰 기회를 잡을 수 있다. 기술의 발전은 새로운 가능성을 열어주며, 이에 대비한 사람만이 그 혜택을 온전히 누리게 된다. AI 시대의 생존 열쇠는 '변화에 대한 민감성'과 '혁신적인 접근 방식'에 달려 있다.

　마블 영화 〈아이언 맨〉에서 주인공 토니 스타크는 보이지 않는 누군가와 대화하며 문제를 해결하곤 한다. 그 상대는 바로 그의 오른팔 역할을 하는 자비스$^{J.A.R.V.I.S}$다. 자비스는 'Just A Rather Very Intelligent System'의 약자로, '아주 지능적인 시스템'이라는 의미를 담고 있다. 하지만 이름이 의미하는 문장을 문자 그대로 받아들이면 자비스의 본질을 놓칠 수 있다. 정확히 말하면 자비스는 AGI^{Artificial} $^{General\ Intelligence}$, 즉 '일반 인공지능 시스템'으로, 인간과 유사한 사고와 추론 능력을 지닌 AI다. 현재의 기술로는 자비스와 같은 시스템이 실현되기 힘들지만, 가까운 미래에는 이를 구현할 가능성이 높다.

　영화 속 자비스는 토니의 명령에 따라 집안일을 처리하는 것은 물론, 연구와 개발 프로젝트를 지원하고, 뛰어난 분석 능력으로 상황을 예측하며 통합적으로 판단한다. 이러한 AGI는 인간과 비슷하게 사고하고, '사람 이상의 능력'을 발휘하는 인공지능이다.

2022년 11월 30일, 챗GPT가 출시되었고, 이어 2024년 5월에는 오픈AI의 GPT-4o가 공개되면서 전 세계적으로 폭발적인 반응을 끌어냈다. GPT-4o는 실시간으로 질문에 답변하고, 상대의 감정에 맞춘 억양을 조절하며 심지어 다양한 제안까지 해낸다. 실제 사람과 대화하는 듯한 GPT-4o의 반응은 AGI에 한 걸음 더 가까워졌음을 보여주는 대표적인 사례다.

AGI 기술이 본격적으로 적용되면 IT분야뿐 아니라 의료, 패션, 문화, 금융 등 거의 모든 산업에서 혁신적인 변화를 일으킬 것으로 전망된다. 기존 AI가 이미 활용되고 있는 가상 비서, 의료 진단, 쇼핑 추천, 교육 보조, 자율주행 같은 영역에서 AGI는 한층 더 광범위하고 정교한 역할을 수행할 것이다.

최근 구글 딥마인드가 'AGI 논문'을 발표하면서, AGI는 더 이상 공상과학 영화 속 가상 현실이 아니라 실제 현실로 다가왔다. 논문 'Levels of AGI'는 AGI를 6개 레벨로 구분하며, 각 단계의 목표와 인간 능력과의 비교를 통해 그 발전 과정을 체계적으로 제시하고 있다.

다음 표는 AGI의 현재 개발 상태와 앞으로의 과제를 명확히 보여준다. 초기 단계에서는 인간의 직접적인 개입이 필요한 수준에서

AGI의 도달 목표 수준 제시

AGI 모델	명칭	설명	목표수준 및 달성 여부
Level 0	No AI	AI가 아님	인간이 컴퓨팅 프로세스에 직접 참여
Level 1	Emerging AGI	숙달되지 않은 인간보다 약간 낮거나 비슷한 수준	ChatGPT(OpenAI, 2023) Bard(Anil et al., 2023) Llama 2(Touvron et al., 2023) 낮은 수준의 패턴 인식 및 기초 학습 능력
Level 2	Competent AGI	숙달된 인간의 상위 50% 수준	복잡한 문제 해결 추상적 사고 능력 향상 : 미달성
Level 3	Expert AGI	숙달된 인간의 상위 10% 수준	인간 수준의 언어 이해 및 생성 능력 도달 : 미달성
Level 4	Virtuoso AGI	숙달된 인간의 상위 1% 수준	다양한 응용 분야에서 높은 수준의 성과 : 미달성
Level 5	Artificial Super Intelligence AGI	인간능력의 한계를 뛰어넘는 수준	자체 학습과 발전 가능한 완전한 AGI 도달 : 미달성

(출처: Levels of AGI: Operationalizing Progress on the Path to AGI. arXiv. 2023.11)

출발해, 점차 인간의 능력을 초월하는 단계로 나아가고 있음을 시사한다.

현존하는 생성형 AI인 GPT-4o와 제미니[Gemini]는 레벨 1 수준에 머물러 있으며, 레벨 2 이상의 단계는 아직 실현되지 않았다. 그러나 초월적 레벨로의 진입은 예상보다 빠르게 진행될 가능성이 크다. 이는 단순한 기술적 혁신을 넘어 인간의 직무와 일상에 커다란 변화를 가져올 것이 분명하다.

AI 시대,
'일의 가치'를 재정의하다

　　20세기 초중반 산업화 시대에는 물리적 노동과 반복적인 업무가 주된 일자리 방식이었다. 이 시기에는 제조업 같은 산업에서 대규모 인력을 필요로 했으며, '안정적이고 장기적인 고용'이 핵심 가치로 자리 잡았다. 안정적인 직업, 꾸준한 월급, 직장에서의 성장 기회는 당시 커리어의 기준을 정의했으며, 경력은 한 회사에서 장기간 근무하며 쌓아가는 방식이었다. 근속 연수가 높을수록 신뢰와 경험이 더해져 직장에서의 입지는 더욱 확고해졌다. 하지만 이러한 경력 구조는 제한적인 측면도 있었다. 한 번 습득한 기술이나 능력을 지속적으로 활용하는 방식이 일반적이었고, 변화에 대한 준비는 크게 요구되지 않았다.

　　21세기에 들어 기술 발전이 가속화되면서 노동 시장은 급격히 변

세상의 변화

화했다. 디지털 혁명, 글로벌화, AI와 자동화의 도입은 새로운 직업과 커리어 경로를 만들어 냈다. 오늘날에는 한 회사에서 장기 근속하는 것이 더 이상 커리어의 핵심이 아니며, 다양한 경험과 기술을 통해 자신의 가치를 증명하는 것이 중요해졌다. 필요한 경우 여러 회사를 거치며 역량을 입증하는 경향도 강해지고 있다. 과거에는 승진과 직급이 일의 가치를 판단하는 기준이었다면, 이제는 경험을 통한 성장과 업의 진정성에 더 초점을 맞추고 있다. 즉, '자리'가 아니라 '일'과 그 과정에서의 경험이 직업적 성공의 새로운 기준이 된 것이다.

일의 의미가 변화함에 따라 근무 환경에 대한 가치관도 달라지고 있다. 과거에는 가정보다 직장을 중시하며 일에만 전념하는 것이 미덕으로 여겨졌지만, 현대 사회에서는 일과 삶의 균형을 중시하는 경향이 강해졌다. 이와 함께 '워라밸Work-Life Balance'을 넘어 '워라블Work-Life Blending', '워라인Work-Life Integration', '워라하Work-Life Harmony'와 같은 다양한 라이프스타일 개념도 등장했다.

기업들은 직원들의 다양한 라이프 스타일을 존중하며, 재택근무와 유연근무제를 도입했다.

또한 '글로벌화Globalization'는 세계 경제, 문화, 기술, 정치의 경계를 허물고 상호 연결성을 증대시키는 과정이다. 이로 인해 기업들은 다양한 문화와 배경을 가진 인재를 채용하며, 전 세계는 하나의 거대한 네트워크로 묶이고 있다. 디지털 시대의 도래는 글로벌화를 새로운 차원으로 확장하고 있다. 다국적 기업에서 근무하는 직원들은 다양한 국가의 팀원들과 협력하는 일이 잦아졌으며, 이를 위해 문화적 민감성과 커뮤니케이션 능력이 필수적인 요소로 부상하고 있다. 특히 이문화異文化에 대한 가치는 단순한 지식의 습득을 넘어 실제 상황에서 적용할 수 있는 실천적 능력을 의미한다. OTT 플랫폼, 온라인 게임, 넷플릭스 등 문화 콘텐츠의 활발한 국가 간 교류는 문화적 다양성과 고유성을 존중하며, 다름의 가치를 인정하는 인식의 확산을 요구하고 있다.

모든 인간은 고유한 가치와 존엄성을 지닌다. 기술이 발전하고 사회적 변화와 글로벌화가 가속화되더라도 변하지 않는 핵심 가치가 있다. 바로 '인종, 성별, 계층을 넘어 모든 인간이 평등하게 대우받고 기본 권리를 보장받아야 한다는 원칙'이다. 인간의 존엄성은 시대를 초월해 지켜야 할 본질적인 가치이며, 기술 발전으로 많은 것이 달라지더라도 이를 기반으로 새로운 일의 가치를 만들어 가는 노력이 필수적이다.

변화의 시대,
기민함이 필요하다

    최근 우리 사회와 시장에 가장 큰 영향을 미치고 있는 요소는 '디지털 전환^{Digital Transformation}과 생성형 AI의 도입'이다. 전 세계적으로 AI 기술은 다양한 산업에 변화를 일으키며 혁신을 주도하고 있다. 예를 들어, 금융 부문에서는 시장 동향과 고객 행동을 예측하는 알고리즘을 통해 고객 서비스와 위험 관리가 강화되고 있다. 제조업에서는 AI 기반 로봇과 IoT 장치를 활용한 스마트 팩토리가 등장해 생산 프로세스를 최적화해 비용 절감과 안전성 향상을 실현한다. 소매 부문에서는 AI가 고객 경험을 개인화하고, 공급망 관리를 간소화하며, 비즈니스 혁신을 이끈다. 이러한 디지털 전환은 단순히 효율성을 높이는 데 그치지 않고, 데이터를 기반으로 한 새로운 비즈니스 모델의 창출로 이어지고 있다.

이러한 환경에 적응하기 위해 기업은 다음과 같은 전략을 수립해야 한다.

첫째, 기술에 대한 이해와 활용

기술 발전 속도가 빠른 만큼, 기업은 최신 기술을 신속히 도입하고 이를 효과적으로 활용할 능력을 갖춰야 한다. 이는 단순한 기술 도입을 넘어, 새로운 비즈니스 모델 창출, 효율성 극대화, 고객 경험 개선까지 포함한다. 예를 들어, 빅데이터 분석과 AI를 활용한 맞춤형 마케팅은 고객의 니즈를 정확히 파악하고, 개인화된 서비스를 통해 고객 만족도를 높이는 데 기여한다.

둘째, 글로벌화에 대한 대비

글로벌 시장에서 성공하려면 다양한 문화와 규제를 이해하고 현지 시장에 맞는 전략을 수립해야 한다. 이는 단순한 수출을 넘어 현지화된 마케팅과 유통망 구축을 포함한다. 예를 들어, 스타벅스는 각국의 문화와 소비자 취향을 반영한 메뉴를 개발해 글로벌 시장에서 성공을 거두었다.

셋째, 사회적 책임과 지속 가능성을 중시하는 경영

기업 경영에서 지속 가능성은 필수적인 요소로 자리 잡았다. 이는 환경 보호를 넘어, 운영 전반에서 지속 가능한 방식을 채택하는 것을 의미한다. 예를 들어, 유니레버는 지속 가능한 농업과 자원 절약을 위한 다양한 프로그램을 운영하며, 이를 통해 소비자에게 지속 가능한 제품을 제공하고 있다. 이러한 노력은 기업의 이미지 개선과 장기적인 성장에 기여한다.

넷째, 유연한 조직 문화와 혁신

급변하는 시장 환경에서 생존하려면 변화에 민첩하게 대응할 수 있는 유연한 조직 문화가 필요하다. 이는 수평적인 의사결정 구조와 혁신을 장려하는 문화를 포함한다. 예를 들어, 구글의 '20% 프로젝트'는 직원들이 업무시간의 20%를 자신이 원하는 프로젝트에 투자하도록 장려하며, 창의성과 혁신을 촉진한다. 이 제도는 새로운 아이디어와 사업 기회를 창출하는 데 크게 기여하고 있다.

시장 변화에 대비한 개인의 변화

조직에 속한 개인도 시장 변화에 효과적으로 대응하기 위해 몇 가지 전략을 마련해야 한다.

첫째, 지속적인 학습

시장의 변화 속도가 빨라질수록 새로운 기술과 트렌드를 익히고 스킬을 업데이트하는 것이 중요하다. 학습은 단순한 선택이 아닌 '생존을 위한 도구'로, 경력 개발과 경쟁력 유지의 핵심이다.

둘째, 네트워킹 강화

다양한 사람들과 관계를 구축하고 정보를 공유하는 네트워킹은 필수적이다. 예를 들어, 업계 콘퍼런스나 세미나에 참석해 전문가들과 직접 교류하고 의견을 나누는 것은 새로운 관점과 정보를 얻는 데 매우 유익하다. 또한, 링크드인^{LinkedIn}과 같은 소셜 미디어 플랫폼을 활용해 자신의 전문성을 알리고 관심 분야의 사람들과 연결할 수도 있다. 이러한 활동은 새로운 기회를 발견하고 경력 발전에 긍정적인 영향을 미친다.

셋째, 유연한 사고방식

변화에 신속히 적응하고 새로운 기회를 포착하기 위해 유연한 사고방식을 갖추는 것이 중요하다. 예를 들어, 직무 변화에 따라 필요한 기술을 빠르게 익히거나 자격증을 취득해 새로운 역할에 적응한 사례들은 이러한 유연성의 중요성을 보여준다. 이는 개인뿐 아니라 조직의 경쟁력을 높이는 데에도 큰 기여를 한다.

넷째, 명확한 목표 설정과 실행

자신의 목표를 명확히 설정하고 이를 실현하기 위한 구체적인 계획을 수립해야 한다. 예를 들어, 마케팅 전문가로 성장하고 싶다면 '6개월 안에 관련 스킬을 익히기 위해 매주 1회 온라인 강의를 듣고, 사내 프로젝트에 자발적으로 참여한다'는 구체적인 목표를 세울 수 있다. 또한, 멘토를 찾아 조언을 구하고, 꾸준히 실행에 옮긴다면 목표 달성에 한 걸음 더 가까워질 것이다.

이러한 전략들은 개인이 변화하는 시장에서 경쟁력을 유지하고 성장할 수 있는 기반을 마련해 준다.

기민함은
전환력에서 출발한다

　세상은 끊임없이 변화하고 있으며, 일터는 그 변화의 최전선에 서 있다. 이러한 급속한 변화에 적응하지 못하고 진화를 따라가지 못한다면, 업業의 현장에서 도태될 위험에 직면할 수 있다. 과거의 경험과 노하우에만 의존해 자신의 커리어나 업무를 유지하려 한다면 변화의 파고波高를 넘기 어려울 것이다. 급격한 환경 변화는 위기가 될 수도 있지만, 이를 기회이자 축복으로 바꾸는 방법은 시대의 흐름을 읽고 끊임없이 자신을 전환하는 데 있다.

　일의 전환은 생존과 번영을 위한 필수 과제다. 이는 단순히 새로운 도구나 기술을 배우는 데 그치지 않고, 사고방식과 접근 방식을 근본적으로 변화시키는 것을 의미한다. 이러한 전환력을 바탕으로 변화 속에서 더 많은 기회를 발견하고, 개인과 조직이 지속 가능한 성장을 이룰 수 있다. 변화는 두려워할 대상이 아니라, '새로운 기회

세
상
의
변
화

◆

를 여는 열쇠'임을 기억하자.

전환력의 다섯 가지 핵심 요인

변화의 속도는 우리의 상상을 초월한다. 이러한 변화에 대응하기 위해 단순한 적응을 넘어 전환력을 키우는 것이 필수이다. '전환력'은 세상과 자신을 새롭게 바라보며 변화의 속도에 맞춰 효과적으로 대처할 수 있는 능력이다. 이를 위한 다섯 가지 핵심 요인은 다음과 같다.

시선 전환

'시선 전환'은 '세상과 자신을 새로운 관점에서 바라보는 능력'으로, 고정된 사고를 벗어나 다양한 가능성을 탐구하게 한다. 관점을 바꾸거나 관점에 도전하는 알아차림이다. 기존 사고방식에 얽매이지 않고, 새로운 관점과 시각으로 세상을 바라보는 과정을 통해 변화의 본질을 이해할 수 있다. 이를 위해 고정관념을 경계하고, 사고, 관계, 도구, 자원을 새롭게 바라보는 시각의 변화가 필요하다.

사고 전환

'사고 전환'은 '기존의 익숙한 사고에서 벗어나 창의적이고 유연한 사고로 문제를 해결하는 능력'이다. 자기 이해와 역량 인식을 바탕으로 긍정적 마인드셋, 자기효능감, 실패를 두려워하지 않는 도전 정신이 요구된다. 변화의 민감성을 높이고 지속적인 학습과 자기 주도적인 태도를 통해 변화에 유연하게 대응할 수 있다. 이는 혁신적인 아이디어를 발견하고 새로운 해결책을 모색하는 데 필수적이다.

관계 전환

'관계 전환'은 '소통 방식을 새롭게 정의하고, 협력적이고 상호작용적인 관계를 구축하는 능력'이다. 지식 네트워크, 업무 네트워크, 피어 커뮤니티라는 세 가지 관점에서 관계의 변화를 바라본다. '지식 네트워크'는 '통찰력 있는 전문가와 관계를 맺는 능력'으로 차별성을 만들어 낸다. '업무 네트워크'는 '하이브리드 업무 환경에서 디지털 도구와 AI 기술을 활용해 효율성을 높이고 일과 삶의 균형을 유지하는 것'이다. '피어 커뮤니티'는 '관심사에 따라 손쉽게 공동체 활동에 참여하고, 이를 통해 새로운 기회와 가능성을 창출하는 관계'를 말한다.

도구 전환

'도구 전환'은 '기존 도구를 새로운 방식으로 활용하거나, 변화하는 환경에 적합한 기술과 자원을 효과적으로 사용하는 능력'이다. 역사를 통해 도구의 전환은 패러다임의 변화를 이끌어왔다. 디지털 리터러시와 도구 활용 프레임워크를 통해 새로운 도구를 선택하고, 이를 효율적으로 사용하는 방법을 제시한다. 특히 생성형 AI와 같은 최신 디지털 기술을 활용해 전환적 경쟁력을 확보하는 것이 중요하다.

전환 자원

'전환 자원'은 '변화에 필요한 시간, 공간, 사람을 효과적으로 관리하고 활용하는 능력'이다. 이는 다른 전환력 요소들을 실행할 수 있는 추진력을 제공한다. T.A.P.$^{Time, Area, People}$ 모델을 통해 적절한 자원을 투자하는 방법을 제시하며, 에너지 흐름을 효율적으로 관리하는 것이 핵심이다. 개인적인 노력뿐 아니라, 자원을 효과적으로 동원하고 최적화하는 환경이 변화를 성공적으로 이끌어낸다.

이 각각의 요인은 독립적으로도 중요하지만, 상호 연계될 때 더욱 강력한 효과를 발휘한다. 이 요인들은 현재의 방식을 유지할지, 새로운 접근으로 전환할지를 결정하는 데 도움을 주며, 삶의 변화와 기회 속에서 적절한 결정을 내리고 커리어 목표를 실행하는 데 기반이 된다.

변화는 도전일 수 있지만, 동시에 기회의 열쇠가 된다. 전환력을 통해 개인과 조직은 지속 가능한 성장을 이룰 수 있다.

PART
2

전환

시선
전환

시야가 좁아지면
사고를 부른다

한국도로교통공단에 따르면, 안개가 자주 발생하는 10월과 11월에 교통사고가 가장 많이 일어난다. 특히, 안개가 낀 날 교통사고 치사율(교통사고 100명당 사망자 수)은 맑은 날에 비해 약 5배가량이 높다. 앞이 잘 보이지 않는 상태에서 운전하는 것은 그만큼 위험성을 크게 증가시킨다.

2023년 11월, 샌프란시스코에서 열린 미국 안과학회 연례회의에서 호주 웨스턴오스트레일리아대UWA 연구팀은 '낮은 시력'보다 '좁아진 시야'가 교통사고의 위험을 더 높일 수 있다는 연구 결과를 발표했다. 연구팀 책임자 시오반 매너스 박사는 50세 이상 운전자 3만 1천여 명의 데이터를 30년간 분석한 결과, 시야가 좁아진 운전자는 그렇지 않은 사람보다 충돌 등 교통사고 위험이 약 두 배 높았다고 설명했다.

앞이 잘 보이지 않고 시야가 좁아지면 사고 발생률이 높아진다는 사실은 누구나 쉽게 이해할 수 있다. 우리가 살아가는 현 시대 역시 마치 안개 낀 도로를 운전하는 것과 같다. 변화가 너무 빠르고 예측하기 어려운 시대에, 한때 흔히 믿었던 공식, 예컨대 '명문대 졸업 → 대기업 입사 → 빠른 성과와 승진'이라는 성공 방정식은 더 이상 유효하지 않다.

이 불확실한 환경에서 우리는 긴장 상태에 놓여 있다. 최선을 다하지 못한 채 주변을 살피며 속도를 내지 못하고, 길이 잘 보이지 않는 상태에서 빠르게 달리려는 시도는 오히려 더 큰 위험을 초래할 수 있다. 단순히 속도를 줄이고 사고를 피한다고 해서 모든 문제가 해결되지는 않는다. 시야가 좁아진 상태에서 방향 전환의 순간을 놓치면, 원하는 목적지에 도달하지 못하고 엉뚱한 방향으로 나아가게 될 위험이 있다.

그렇다면, 사고를 줄이고 원하는 목적지에 안전하게 도달하려면 무엇이 필요할까? 그것은 시야를 넓히고, 변화에 민감하게 대응하며, 언제 방향을 전환해야 할지 판단할 수 있는 능력이다. 빠른 변화 속에서도 자신의 길을 잃지 않기 위해, 우리는 시야를 넓히고 속도와 방향을 조율하는 법을 배워야 한다.

인간의 양안 시야는 수평으로 약 220도에 이르지만 사물을 선명히 인지하고 반응할 수 있는 실질적인 시야각은 대략 60도에 불과하다. 이 시야각 밖의 세상을 보려면 고개를 돌리거나 자세를 바꿔야 한다. 만약 고속도로처럼 안전한 직선 도로만 달려왔다면 시선은 앞만 바라보는 데 익숙해졌을 가능성이 크다. 이로 인해 시야는 협소해지고 변화에 대한 민감성도 낮아졌을 것이다. 그러나 새로운 방향으로 나아가려면, 먼저 시선을 전환하고 좁아진 시야를 넓혀야 한다. 이것이 안전을 확보하고, 새로운 길로 나아가는 첫걸음이다.

인간은 정면만 볼 수 있지만, 말은 340~350도의 넓은 시야를 가지고 있어 고개를 돌리지 않고도 앞뒤 좌우를 살필 수 있다. 이러한 시야 덕분에 주변 환경의 변화나 위험을 빠르게 알아차리고 즉각적으로 반응한다. 그러나 빠르게 달려 승리해야 하는 경주마에게는 차안대(눈 가면)를 씌워 양옆 시야를 제한한다. 이는 환호하는 관중이나 따라붙는 다른 말의 모습을 보고 당황하지 않도록 하기 위함이다.

반면, 장애물 경기나 마장마술에 참여하는 말은 차안대를 사용하지 않는다. 외부 상황 변화에 민첩하게 대처하거나, 방향을 자주 전환해야 하는 경기에서는 넓은 시야가 필수적이기 때문이다.

인간도 마찬가지다. 변화가 없는 환경에서는 좁은 시야가 오히려 도움이 될 수 있지만, 불확실성이 높은 시대에는 넓은 시야가 필수적이다.

지금 당신의 시선은 어디에 머물고 있는가? 당신이 나아갈 수 있는 곳은 결국 시선이 머무는 곳과 그 주변이다. 삶의 변화를 원한다면, 먼저 자신의 시선이 어디를 향하고 있는지 알아차려야 한다. 무엇에 주목해야 하는지, 고정된 시선을 어떻게 전환해야 하는지에 대해 스스로 질문하고 답할 필요가 있다.

문제는 우리의 시야가 좁아지고 시선이 고착되어 있을 가능성이 높다는 점이다. 어떤 방향을 바라본다 해도, 실제로는 있는 그대로 바라보는 것이 아니라 자신만의 필터를 통해 해석된 부분에만 집중할 가능성이 크다. 예를들어 길 건너편을 바라보는 두 사람이 있다고 하자. 한 사람은 지나가는 자동차에, 다른 사람은 흔들리는 나뭇가지에 집중할 수 있다. 이들은 같은 방향을 보고 있다고 생각할지 모르지만, 실제로는 서로 전혀 다른 것을 바라보고 있는 셈이다. 자신만의 시야에 꽂혀 상황을 고정된 사고로 파악해서는 안 된다. 주위를 둘러보고 주변의 변화에 빠르게 반응하는 전환력이 절대적으로 필요하다.

우리는 모두 보이지 않는
안경을 쓰고 있다

"우주에 변하지 않는 유일한 것은 '변한다'는 사실 뿐이다."

— 헤라클레이토스

옛날, 분홍색을 유난히 좋아했던 '퍼시'라는 왕^{Percy the Pink}이 있었다. 그는 세상을 자신이 사랑하는 분홍색으로 가득 채우고 싶어 했다. 자신의 소유물은 물론 백성들의 일상까지 모두 분홍색으로 바꾸고, 나무와 꽃, 심지어 동물들까지 분홍으로 염색하게 했다. 그러나 단 하나, 그가 바꾸지 못한 것이 있었다. 바로 하늘이었다.

하늘을 분홍색으로 바꿀 방법을 고민하던 왕은 스승을 찾아가 조언을 구했다. 며칠 뒤, 스승은 왕에게 특별한 안경을 건네며 "하늘을 분홍색으로 바꿨다"고 말했다. 안경을 쓰고 밖으로 나간 왕은 깜짝 놀랐다. 정말로 하늘이 온통 분홍색으로 변해 있었다. 왕은 스승이

시선 전환

마법을 부린 줄 알았지만, 비밀은 안경의 분홍색 렌즈에 있었다. 이후 퍼시왕은 언제나 분홍색 세상만을 보며 만족했다.

혹시 동화 속 퍼시왕이 어리석어 보이는가? 색깔만 다를 뿐, 우리 역시 세상을 특정 렌즈를 통해 바라보며 만족하거나 안도할 때가 있다. 특히 경력 전환 과정에서 자주 선입견과 편견에 갇혀 세상을 온전히 보지 못한다. 경력 전환은 개인의 직업 경로에서 중요한 변화이다. 이는 새로운 기회를 탐색하고, 기존 역할에서 벗어나 더 나은 성장과 만족을 추구하는 과정이다. 하지만 많은 사람이 경력 전환을 생각할 때 현재의 안정감과 익숙함에만 머물러, 미래의 가능성을 충분히 고려하지 않는 경우가 많다. 이러한 현재 중심적 사고를 극복하고, 미래를 바라보는 새로운 관점을 채택하는 것이 바로 '시선 전환'이다. 경력 전환에서 시선 전환은 중추적 역할을 한다. 이를 위해 먼저 자신의 선입견을 인식하고 극복해야 한다. 또한 미래를 기준으로 지속적인 학습과 성장을 추구해야 한다. 시선을 전환함으로써 우리는 더 넓은 시각에서 경력을 설계하고, 성공적인 전환을 이룰 수 있다.

사람마다 세상을 바라보는 자신만의 '안경'이 있다. 문제를 인식하는 방식, 타인에 대한 고정관념, 세상에 대한 태도 등 모든 것이 이 안경을 통해 비친다. 심리학에서는 이러한 세상을 보는 틀을 '프레임^{frame}'이라 한다. 프레임은 사회과학이나 물리학에서도 관찰을 위한 특정 관점을 의미하는 단어로 사용되며, 세상을 특정 방향으로 보게 유도하는 동시에 우리의 시야를 제한하는 모순적인 속성을 지닌다.

프레임은 인지적 편향을 반영하며, 정보를 해석하고 처리하는 방식을 결정짓는다. 예를 들어, 경제 위기가 닥쳤다고 가정해 보자. 어떤 사람은 이를 '위기'로 간주해 지출을 줄이고 이 시기를 견뎌내려 할 것이다. 반면, 다른 사람은 '기회'로 보며 저평가된 주식이나 부동산을 매수하기를 택한다. 이처럼 동일한 상황도 각자의 프레임에 따라 완전히 다른 방식으로 해석된다. 프레임은 개인의 경험, 문화적 배경, 교육 등에 의해 형성되며, 특정 관점을 강화하는 동시에 다른 관점을 받아들이기 어렵게 만드는 역할을 한다. 따라서 프레임은 복잡한 세상을 이해하기 쉽게 만들어 주는 도구가 되기도 하지만, 새로운 시각을 수용하는 데 있어 장벽이 될 수도 있다.

현대 산업 환경은 빠르게 변화하고 있다. 기술의 발전, 글로벌화, 사회적 변화로 인해 기존 직업이 사라지고 새로운 직업이 등장하고 있다. 맥킨지의 발표에 따르면, AI 도입으로 2030년까지 약 1억 1800만 명이 새로운 직업을 찾게 되고, 이 중 900만 명은 완전히 다른 산업으로 이직할 것으로 예상된다.

미래 트렌드 분석은 경력 전환을 성공적으로 이루기 위한 필수 단계이다. 산업 트렌드와 기술 발전을 분석해 미래에 요구되는 스킬과 지식을 파악하고, 이를 기반으로 학습 계획을 세우는 것이 중요하다. 이러한 과정은 변화하는 환경에 적응하고, 경력 전환의 리스크를 관리하며, 장기적인 커리어 비전을 설정하는 데 도움을 준다.

모든 것이 당연하게 여겨지는 순간, 변화는 멈춘다. 불확실하고 변동성이 큰 미래를 살아가기 위해서는 고정된 관점을 버리고 새로운 시선을 받아들여야 한다. 시선의 전환은 기업과 개인 모두에게 성장과 발전의 기회를 제공하며, 빠르게 변화하는 산업 환경에서 지속 가능한 성공을 이루는 열쇠가 된다.

당연함을 재고하고, 이를 깨뜨리지 않는다면 우리는 스스로를 우물 안에 가둔 채, 그 밖의 세상을 보지 못하고 살아가게 된다. 변화는 당연함을 깨는 순간 시작된다.

시선 충돌은
단절을 경험케 한다

2013년, 마이크로소프트^{MS}는 당시 어려움을 겪고 있던 노키아의 휴대폰 사업부를 55억 유로(당시 한화 약 7조 9,945억 원)에 인수하며 모바일 시장에서 경쟁력을 강화하려 했다. MS는 소프트웨어와 클라우드 서비스에 강점을 가진 반면, 노키아는 하드웨어 중심의 기술과 경험을 쌓아온 기업이었다. 양사는 성명서를 통해 서로의 사업 분야가 겹치는 부분이 적어 통합 과정에서 큰 문제가 없을 것이라 강조했지만, 이러한 예상은 곧 빗나갔다.

MS는 자유롭고 혁신적인 실리콘밸리식 기업 문화를, 노키아는 핀란드의 전통적이고 보수적인 문화를 가지고 있었다. 이로 인해 의사소통 방식과 의사결정 과정에서 문화적 갈등이 발생했다. MS 직원들은 직접적이고 빠른 피드백을 선호했지만, 노키아 직원들은 간접적이고 신중한 접근을 더 선호하며 소통에 어려움이 생겼다. 그

뿐 아니라, 두 회사는 서로 다른 기술 스택과 개발 방식을 가지고 있었다.

MS는 윈도우 운영체제를 중심으로 생태계를 구축해 온 반면, 노키아는 자사의 심비안^{Symbian} 운영체제를 기반으로 독자적인 기술을 유지해 왔다. 이러한 기술적 차이는 통합 과정에서 심각한 어려움을 초래했다. 특히, MS의 개발 방식과 노키아의 하드웨어 설계 방식 간의 불일치로 인해 제품 개발과 출시 일정이 지연되었다.

이러한 갈등과 문화적 차이는 인수 초기부터 여러 부정적인 결과를 초래했다. 노키아의 전임 CEO 스티븐 엘롭^{Stephen Elop}이 MS의 고위 경영진으로 합류했지만, 그의 리더십 스타일과 전략적 방향이 기존 MS 경영진과 충돌하며 조직 내 혼란을 야기했다. 이는 직원들의 사기 저하로 이어졌고, 기술적 통합의 어려움까지 겹치며 MS는 인수 이후 출시한 제품에서 큰 성공을 거두지 못했다. 특히, 윈도우 폰은 시장에서 입지 확보에 실패해 MS의 모바일 전략에 큰 타격을 입혔다. 결국 2015년, MS는 휴대폰 사업부의 대규모 구조조정을 단행하며 수천 명의 직원을 해고해야 했다. 이러한 갈등과 혼란은 조직 내 신뢰 저하를 불러왔고, MS와 노키아 직원들 간의 문화적 융합 실패로 이어졌다. 협력 부족은 통합을 더욱 어렵게 만들었으며, 결국 MS는 노키아 휴대폰 사업을 포기하게 되었다.

MS와 노키아 사례는 전환 과정에서 발생하는 다양한 갈등 상황을 보여주며, 조직과 조직, 조직과 개인, 개인과 개인 간의 시선 충돌이 초래하는 결과를 명확히 드러낸다. 두 회사는 경영 철학과 전략의 불일치, 문화적 차이, 기술적 통합의 어려움, 리더십과 의사결정의 문제, 그리고 시장의 빠른 변화와 경쟁 등 복합적인 문제로 인해 통합이 실패로 끝났다.

그렇다면 이러한 충돌을 예방하고 이를 긍정적인 요소로 전환할 방법은 없는 것일까? 급변하는 환경에서 많은 조직과 개인은 보다 혁신적인 시대의 흐름을 마주하고 있다. 이러한 전환기에 유연하게 대응하기 위해는 각자의 고정된 사고와 행동 습관을 먼저 알아차리고, 의견, 정보, 아이디어를 360도로 공유해야 한다. 상호 간의 신뢰와 창의성을 존중하며, 다양성을 인정하고 수용적인 태도를 지니는 것은 변화하는 비즈니스 환경에서 지속 가능한 성공을 이룰 수 있는 핵심이다.

시선의 충돌에서 오는 단절은 기업이나 공공기관 같은 대규모 조직에만 국한되지 않는다. 1차 베이비부머(1955~1963년생)의 은퇴에 이어 2차 베이비부머(1964~1974년생) 역시 2024년을 기점으로 만 60세가 되어 본격적으로 은퇴를 시작한다. 이들은 경제활동인구의 약 25%를 차지하며, 이들의 은퇴로 인해 최근 5년 사이 기업 및 공공기관에서 20~30대 비율이 50%를 넘어서는 곳이 많아졌다. 이로 인해 세대 간의 시선 충돌로 인한 단절이 빈번해지고 있다.

기성세대의 시선에서 보면, 열심히 공부해 좋은 대학에 가고 안정적인 직장에 취업하며 좋은 부모가 되는 것이 인생의 미덕으로 여겨진다. 이런 관점에서 젊은 세대를 바라보면 배우려는 의지가 부족하고, 안정적인 업무 체계에 들어갈 만하면 이직하며, 공동체 정신이 약하다고 평가할 수 있다. 그러나 젊은 세대의 시선으로 바라보면 한 조직에서 열심히 배운다고 해서 승진 속도가 빨라지거나 수입에서 큰 차이가 나지 못 한다는 생각이 든다. 이들은 이직이 연봉 상승의 유일한 방법이라고 생각하며, 업무에 헌신한다고 회사가 개인을 책임져 주지 않는다고 느낀다. 또한, 열심히 저축해도 수도권에서 주거를 안정적으로 확보하는 데 수십 년이 걸릴 것이라는 현실이 그들을 암담하게 만든다. 이는 단순한 세대 차이라기보다는 각 세대가 세상을 바라보는 시선의 차이에서 비롯된 문제라고 볼 수 있다.

시선이 달라지면
새로운 기회가 보인다

"선입견을 깨뜨리는 것은 원자를 깨뜨리기보다 어렵다."

— 앨버트 아인슈타인

#1. 한 남성이 직장에서 최근 아이를 출산한 남자직원에게 다가가 아이 사진을 보며 말한다.

"이제 새 가족이 생겼다며? 애 때문에 바짝 벌어야 되겠어."
"저 육아 휴직 냈습니다."

#2. 카페에서 커피를 마시다 옆자리에 앉아 노트북으로 무언가 하고 있는 청년 여성을 본 남성이 말을 건다.

"취업 준비하시나 봐요?"

"저 여기 사장인데요."

#3. 골목에서 만난 할머니에게 친근하게 인사를 건네는 남성

"아이고~ 손주 보고 오시나 봐요?"

"나 면접 보고 오는데."

위 대화의 공통점은 무엇일까?

대화를 거는 남성이 상대에 대한 고정관념이나 선입견을 가지고 접근했다는 점이다. 이 사례는 몇 년 전 나온 삼성생명 광고에 실린 내용이다. '시대가 변했다'는 주제로 고정관념이 일상생활 속에서 상대를 잘못 판단하게 만드는 방식을 보여준다.

이 광고를 통해 일상에서 선입견과 고정관념이 얼마나 깊이 뿌리 내리고 있는지 새삼 깨닫게 된다. 또한, 이러한 고정관념이 다양한 관계 속에서 부정적인 영향을 미치고 있다는 점도 알 수 있다. 성 역할, 성별, 나이, 경험 등으로 이미 형성된 시선은 단순히 판단에 그치지 않고 사회적 역동을 간과하며 변화와 다양성을 수용하지 못하게 만든다. 이는 특히 경력 전환이나 새로운 기회를 탐색할 때 중요한 장애물이 될 수 있다.

고정관념에 갇힌 시각은 더 나은 결정을 내리는 것을 방해하며,

개인과 조직 모두가 변화에 유연하게 대응하지 못하게 한다. 이러한 깨달음은 열린 시선으로 세상을 바라보고, 다양한 관점과 가능성을 받아들여야 하는 이유를 잘 보여준다.

에어비앤비^{Airbnb}는 전통적인 호텔 산업의 틀을 깨고, 개인이 소유한 공간을 임대하는 새로운 개념을 도입하여 글로벌 숙박업계에 혁신을 가져왔다. 우버^{Uber} 역시 기존의 택시 산업을 재정의하며 '승차 공유'라는 혁신적인 서비스를 통해 승객과 운전자를 연결하고, 기술을 활용해 시장의 새로운 가능성을 열었다. 시선이 달라지면 새로운 기회가 보인다. 이는 단순히 관점을 바꾸는 것이 아니라, 새로운 시각과 해석을 통해 더 큰 가치를 창출하는 과정을 의미한다.

고정된 틀을 깬 혁신적인 아이디어는 우리나라에서도 찾아볼 수 있다. 도로의 분기점이나 교차로의 분홍색, 초록색 유도선은 운전자의 경로 착오를 줄이고 주행 편의와 안전성을 크게 높여준다. 이 유도선의 도입 이후 사고 감소율은 85%에 달한다고 한다.

그렇다면 이러한 기발한 아이디어는 어떻게 시작됐을까? 2011년, 안산 분기점에서 승용차와 화물차의 급차선 변경으로 인해 대형 사고가 발생했고, 이 사고로 운전자가 모두 사망했다. 이후 한국도로교통공사 담당자는 상부로부터 "초등학생도 이해할 수 있는 대책을 만들어 오라"는 지시를 받았다. 담당자는 자녀들이 그림을 그리는 모습을 보다가 '도로 위에 색을 칠하자'는 아이디어를 떠올렸다. 그러나 당시 현행법에서는 차로에 사용할 수 있는 색상이 하양, 노랑, 주황, 빨강, 파랑으로 제한되어 있어, 그의 아이디어는 불법이었다. 그럼에도 불구하고 생명을 구할 수 있다는 신념으로 시도한 결과, 사고율 감소 효과가 입증되었고 2014년부터 공식 유도선으로 인정받게 되었다. 이 작은 발상이 운전자의 안전을 크게 향상하는 계기가 되었다.

시선이 달라진다는 것은 기존의 사고방식에서 벗어나 새로운 관점으로 세상을 바라보는 것을 의미한다. 이는 개인과 조직 모두에게 중요한 개념이다. '당연한 것'에 얽매이면 변화와 성장을 이루기 어렵다. 전환 과정에서 시선의 변화가 중요한 이유는 다음과 같다.

첫째, 새로운 기회의 포착

기존 틀에 갇혀 있다면 성공 가능성이 낮다. 반면, 다양한 배경과 경험을 가진 사람들과 협력하면 새로운 아이디어와 관점을 얻을 수 있으며, 이는 창의성과 혁신을 촉진한다. 다양성을 인정하고 수용하는 태도는 조직과 개인 모두에게 긍정적인 영향을 미친다.

둘째, 개인의 성장과 발전 도모

새로운 스킬과 지식을 습득하고 넓은 네트워크를 형성할 수 있다. 개방적 태도와 유연성은 지속적인 학습과 자기계발을 가능하게 하며, 다양한 분야의 전문가들과의 네트워킹을 통해 새로운 인사이트를 얻는 데 도움을 준다. 이는 개인의 성장과 커리어 발전을 도모한다.

셋째, 기업의 창의적이고 혁신적인 해결책 도출에 기여

다양한 시각과 아이디어를 수용하는 조직은 변화에 유연하게 대응하며, 구성원이 의견을 자유롭게 표현할 수 있는 환경을 조성해 실패를 두려워하지 않고 창의적인 아이디어를 제시할 수 있도록 한다. 이러한 환경은 조직의 지속적 성장을 이끄는 중요한 요소다.

목표는 언제든 새롭게 설정할 수 있고, 시간의 흐름에 따라 사물의 본질적 가치도 변할 수 있다. 이를 위해 자신의 선입견을 자각하고 극복해야 하며, 다양한 경험과 학습을 통해 새로운 시각을 가지려 노력해야 한다. 시선의 변화를 통해 더 많은 기회를 발견하고, 개인과 조직 모두가 지속 가능한 성장을 이룰 수 있다.

사고
전환

사고 전환 점검 질문

1. 사고 전환을 위한 생각을 메모하고 기록한다.
   - ☐ yes   ☐ no

2. 사고 전환을 위해 스스로 질문한다.
   - ☐ yes   ☐ no

3. 새로운 사고 전환을 위해 새로운 생각들을 고민하여 연결한다.
   - ☐ yes   ☐ no

4. 사고 전환을 위해 더 나은 방법을 찾아본 뒤 결정한다.
   - ☐ yes   ☐ no

마음의 변화,
출발점을 찾아라

현대건설 이사였던 최동수 씨는 1994년, 성공적인 직장 생활을 뒤로하고 기타 제작의 꿈을 이루기 위해 사직서를 제출했다. 당시 건설업계 1위 회사의 임원이었던 그의 결정은 많은 사람에게 충격을 주었다. 심지어 故 박재면 회장도 "자네 머리가 어떻게 된 거 아니야?"라며 그의 선택을 이해하지 못했다. 하지만 이 결정은 즉흥적인 것이 아니었다. 그의 기타 제작은 어린 시절부터 꿈꿔왔던 일이자, 20년간 아내와 나눈 약속이었다.

사직 후, 그는 스페인 코르도바에서 기타 제작을 배우고, 미국 힐스버그Healdsburg 기타 스쿨에서 단기 과정을 수료했다. 이후 집 지하 공방에서 하루 14시간씩 기타를 제작하며 장인의 길을 걸었다. 첫해에는 두 대의 기타를 제작했고, 은퇴 전까지 총 22대의 기타를 완성했다. 그의 기타는 2009년 일본 기타 박물관에 두 대가 소장될 만큼 인정받았다. 안정된 직업을 포기하고 꿈을 향해 나아간 그의 선택은 많은 이에게 용기와 영감을 주었다.

1998년 데뷔한 가수 이소은 씨는 '서방님', '오래오래', 김동률과의 듀엣곡 '기적' 등으로 큰 사랑을 받았다. 그러나 20대 후반, 미국 노스웨스턴대학교 로스쿨에 진학하며 법조인의 길을 선택했다. 이후 뉴욕 로펌과 국제상업회의소^{ICC} 국제중재법원 뉴욕지부 부의장으로 활약했다. 그녀는 예술가에서 법조인으로의 성공적인 전환을 이루며, "나답게 사는 것에 대한 정의를 매일 새로 쓰는 용기가 필요하다"며 자신의 선택에 흡족해했다.

최동수 씨와 이소은 변호사의 사례는 단순히 직업 전환을 넘어 삶의 방향을 재설정하고 변화에 도전한 이야기다. 안정된 길을 걷는 것도 인생에 있어 중요한 선택이지만, 때로는 그 길을 내려놓고 자신만의 꿈을 향해 나아가는 것도 결코 간과해서는 안 될 선택이다. 그들의 사례는 많은 이에게 변화와 도전에 대한 영감을 준다.

전환을 이야기하면 흔히 직업의 전환과 연결해 이직을 떠올리기 쉽다. 그러나 이직을 모든 사람에게 일반화하는 데는 한계가 있다. 대부분은 하나의 커리어를 지속적으로 발전시키며 경력을 쌓아간다. '전환의 과정'은 단순한 선택이 아니라, 자신의 경험을 재평가하고 이를 새로운 꿈이나 목표와 연결하는 과정이다. 따라서 직업을 바꾸든, 현재의 일을 지속하든 중요한 것은 일에 대한 동기부여를 유지하고 전환의 포인트를 알아차리는 것이다. 이는 새로운 꿈을 향한 도전을 넘어, 지금 하고 있는 일에도 신선함과 의미를 부여하기 위한 사고 전환을 요구한다.

때로는 갈대처럼 휘어지며 변화에 순응하고, 때로는 정체성을 고수하며 변화에 맞서는 균형감을 갖춰야 한다. 특히, 전환 과정에서 '수용'은 개인의 성장을 위한 강력한 도구다. 두려움을 극복하고 유연하게 변화에 대응할 수 있어야 한다. 자신의 결점과 불완전성을 받아들이는 일은 쉽지 않다. 그러나 성장과 개선을 위해서는 단점을 직시하고 개선해야 할 영역을 인정하는 용기가 필요하다. 이러한 과정을 통해 우리는 자신의 한계를 뛰어넘고, 더 나은 자신으로 나아갈 수 있다.

심리학자 칼 로저스$^{Carl Rogers}$는 "자기 수용은 개인의 성장과 성취를 이끄는 핵심 요소"라고 강조했다. 자신을 있는 그대로 받아들이는 것은 자신의 잠재력을 최대한 발휘하는 데 핵심이 된다. 성공적인 전환을 이루기 위해서는 성장형 사고방식을 개발하는 것이 중요하다. 고정형 사고방식을 가진 사람들은 자신의 능력이 변하지 않는다고 믿는 반면, 성장형 사고방식을 가진 사람들은 변화를 수용하고 실수를 성장의 기회로 삼으며 노력과 학습을 통해 자신을 향상할 수 있다고 본다. 따라서 성공적인 전환을 위해서는 고정형 사고방식과 성장형 사고방식의 차이를 이해하고, 성장형 사고방식을 받아들이는 자세를 갖추는 것이 중요하다. 이는 변화와 도전을 긍정적으로 바라보고, 이를 통해 지속적으로 발전할 수 있는 길을 열어 준다.

	고정형 사고방식	성장형 사고방식
능력에 대한 신념	자신의 능력이 변하지 않을 것이라 믿음	자신의 능력은 노력, 헌신, 학습을 통해 개발된다고 믿음
실패에 대한 대응	실패를 자신의 한계로 인식	실패를 학습하고 개선할 기회
피드백에 대한 반응	피드백을 비판으로 받아들이고 회피	피드백을 개선의 기회로 수용

성장형 사고방식은 전환 과정에서 중요한 역할을 한다.

첫째, 도전과 성장의 기회를 받아들이는 태도를 갖추게 된다. 도전은 자신을 개발하고 새로운 기술을 습득할 기회다. 어려움을 피하지 않고 맞서는 과정에서 성장이 이루어진다. 예를 들어, 영업사원이 제안 발표를 두려워한다면, 스피치 학원을 수강하거나 클럽에 참여해 말하기 기술을 연습하며 두려움을 극복할 수 있다. 이는 자신을 직면하고 발전시키는 첫 단계다.

둘째, 변화에 대한 두려움을 극복하기 위해 자신의 감정을 인정한다. 불확실성과 두려움을 억누르려 할수록 감정은 더 강해질 수 있다. 감정을 있는 그대로 받아들임으로써 이를 처리하고 앞으로 나아갈 수 있다.

셋째, 긍정적인 면에 초점을 맞춘다. 부정적인 면에 집착하기보다는 성공적인 결과를 상상하며 동기부여를 얻는 태도가 필요하다. 예를 들어, 영업사원이 고객 앞에서 성공적인 프레젠테이션을 상상하면 자신감을 얻고 실제 성과로 이어질 수 있다.

넷째, 작은 일부터 실천한다. 큰 변화는 부담스러울 수 있으므로 이를 작은 단계로 나누는 것이 효과적이다. 예를 들어, 새로운 도시로 이사할 경우 지역 상점을 탐색하는 것부터 시작할 수 있다. 이러한 작은 실천이 쌓이면 큰 전환도 수월해진다.

이러한 과정은 전환에 대한 두려움을 극복하고 변화에 유연하게 대응하는 데 도움을 준다. 전환을 성공적으로 이루기 위해서는 갈대처럼 휘어지면서도 자신의 정체성을 유지하며, 균형 잡힌 태도를 갖추는 것이 중요하다. 뇌는 본질적으로 효율성을 추구하기 때문에 사고 전환에 어려움을 겪는다. 누구든 익숙한 사고 패턴을 유지하려는 경향이 있는데, 이는 새로운 사고방식을 채택하는 데 더 많은 에너지가 소모되기 때문이다.

인지 부조화 이론에 따르면, 사람들은 자신의 신념, 태도, 행동의 일치를 유지하려 한다. 새로운 정보나 사고방식이 기존 신념과 충돌할 경우 불편함을 느끼고, 이를 피하기 위해 새로운 정보를 무시하거나 왜곡할 수 있다. 또한, 주변 사람들의 의견과 행동은 사고방식에 큰 영향을 미친다. 주변 환경이 특정 사고방식을 고수할 경우, 다른 생각을 가지는 것은 외로움이나 배척을 초래할 수 있어 기존 사고방식을 유지하려는 경향이 강화된다. 정서적 경험, 특히 강렬한 감정을 동반한 경험은 개인의 신념과 가치관을 깊이 형성해 새로운 사고방식을 받아들이는 데 어려움을 더한다.

사고 전환을 위해 무엇을, 어떻게 바꾸어야 할까

'사고 전환'은 우리가 맞닥뜨린 상황에 적응하기 위해 기존의 사고방식을 바꾸는 것을 의미한다. 『인간 욕망의 법칙』의 저자인 로버트 그린은 '사고'를 "세계의 더 많은 부분을 보게 해주는 확장된 시력"으로, '창의성'을 "그 시야를 기존의 경계를 넘어 확대할 줄 아는 능력"으로 표현했다. 사고 전환은 이러한 창의성의 대표적인 사례로, 특정 상황이나 목적에 맞게 사고의 내용, 과정, 패러다임을 변화시키는 것을 포함한다.

먼저 사고 전환을 시도할 때 '사고의 내용Thinking Contents'을 바꿔야 할지 고민할 수 있다. 새로운 지식과 정보를 습득하면 삶과 일이 달라질 것이라고 믿는 사람들이 많다. 책을 읽고, 새로운 사람을 만나며, 강좌를 수강하는 것처럼 지식의 폭을 넓히는 활동이 사고 내용을 변화시킬 수는 있다. 하지만, 과연 사고의 내용만 바꾼다고 삶이 달라질까? 단순히 지식을 쌓는 것만으로는 충분하지 않을 때가 많다.

사고 내용의 변화가 한계에 부딪힌다면, '사고의 과정^{Thinking Process}'을 개선할 필요가 있다. 이는 단순히 남들의 생각을 그대로 받아들이는 것이 아니라, 비판적으로 사고하며 문제를 체계적으로 분석하는 능력을 키우는 것이다.

사고 과정을 변화시키는 방법은 상황과 맥락을 구체적으로 살피고 핵심 문제를 정의하며, 근본 원인을 분석하고 다양한 해결책을 탐색한 뒤, 가장 효과적인 방안을 실행에 옮겨 검증하는 것이다. 이처럼 사고의 과정을 보다 체계적이고 효율적으로 전환한다면 삶과 일에 실질적인 변화가 일어날 것이다.

만약 사고의 과정에서도 답을 찾지 못한다면, 더 근본적인 질문을 던져야 한다. 그것은 바로 '사고의 패러다임^{Thinking Paradigm}'을 드러내고 재정립하는 일이다. 세상에 대한, 전환에 대한, 그리고 자신이 가진 신념과 가정에 대한 본질적인 이해가 필요하다. 그러나 자신의 근본적인 믿음과 가정을 성찰하고, 그것을 수정하는 일은 가장 어려운 과제 중 하나다.

어떤 사람이 자기계발서를 읽고 "성공한 사람들은 아침형 인간이다"라는 정보를 얻는다. 이것이 '사고의 내용^{Thinking Content}'이다. 책을 읽으며 새로운 정보를 얻는 것은 중요하다. 하지만 이것만으로는 변화가 일어나지 않는다. 그는 새벽 5시에 기상하기로 결심했지만,

얼마 지나지 않아 피로와 집중력 저하로 실패한다. "모든 사람이 아침형 인간이 되어야 할까? 내 몸이 원래 아침에 최적화되어 있지 않은 것은 아닐까?" 이러한 질문을 통해 그는 사고의 과정$^{Thinking\ Process}$을 확장하기 시작한다. 그 과정에서 몇 가지 새로운 사실을 발견한다. '저녁형 인간이 아침형 인간으로 바뀌는 것은 쉽지 않다', '아침형 인간이 성공한다는 연구가 있지만, 저녁형 인간도 성공할 수 있다', '중요한 것은 아침형, 저녁형이 아니라 개인에게 맞는 최적의 리듬을 찾는 것이다'. 이를 통해 그는 자신의 생활 패턴을 보다 객관적으로 바라볼 수 있게 된다.

그렇다면, 이제 완전히 사고를 전환한 것일까? 아직 아니다. 오랜 시간 사회적으로 강요된 믿음처럼 '성공한 사람들은 아침형 인간이다'라는 말을 들어왔고, 여전히 마음속 깊이 '성공하려면 아침형 인간이 되어야 한다'는 '사고의 전제$^{Thinking\ Paradigm}$'가 바뀌지 않았다. 그는 고민 끝에 또 다른 연구 결과를 찾아보았다. 그 결과, 야행성 인간이 더 높은 창의성을 발휘하는 경우도 많으며, 밤에 더 집중력이 높아지는 사람도 있다는 사실을 알게 된다. 결국 아침형 인간이 되려고 억지로 노력하는 대신, 자신의 리듬에 맞춰 더 효율적으로 하루를 운영하는 방법을 찾게 되었다. 이처럼 패러다임 전환은 가장 어렵고 도전적인 작업이지만, 동시에 가장 근본적이고 지속적인 변화를 끌어낼 수 있다.

사고 전환		
사고의 내용 Thinking Contents	의미	기존의 정보, 사실, 이론 등 사고와 생각의 내용이 업데이트되거나 수정되는 전환
	특징	• 사고의 내용 자체의 변화 • 기존의 정보는 쉽게 폐기되거나 대체 • 개인의 업데이트 용이 • 작은 변화로 큰 결과 유도
	예시	• 최신 연구 결과나 새로운 과학기술의 발달로 기존의 지식을 업데이트 • 특정 직업에 대한 지식 위에 새로운 분야의 지식을 쌓고 새로운 직업에 대한 정보를 습득하는 것 • 인공지능, 빅데이터 등 최신 기술을 습득하여 자신의 업무에 적용하는 것
사고의 과정 Thinking Process	의미	사고 과정이나 의사결정 방식 등 문제를 해결하거나 개선 방법이 바뀌는 전환
	특징	• 사고 과정이나 문제 해결 방식 자체의 개선 • 특정 방식 전체의 변화보다 부분적 변화가 많음 • 기존의 방식과 새로운 방식이 통합, 시너지 효과를 유도 • 전문가, 멘토, 코치의 도움을 받을 때 효과적
	예시	• 유통 물류 산업에서 IT를 활용해 효율성을 개선하는 것 • 원온원 미팅에서 기존의 대화 방식을 지양하고, GROW 코칭 모델과 같은 구조화된 대화 방법을 도입하는 것 • 자신에게 익숙한 채용 채널만을 활용하지 않고, 네트워크, 온라인 채용 플랫폼 등을 활용하는 것
사고의 전제 Thinking Paradigm	의미	세상에 대한 근본적인 가정, 신념, 이해, 가치관 등이 변화해 새로운 시각, 관점으로 바뀌는 전환
	특징	• 사고의 기반 자체의 변화 • 저항이 심하고, 좀처럼 변화되지 않음 • 당사자만 변화를 주장하고 주변에서 인정하지 않을 때가 많음 • 예전 사고방식으로 회귀될 때가 많음
	예시	• 천동설에서 지동설로의 전환을 통해 우주에 대한 근본적인 이해의 변화 • 여성의 참정권, 사회활동을 제약하는 사고방식에서 남녀평등으로의 변화 • 직업은 돈을 벌기 위한 수단이라는 관점에서 삶의 의미와 가치를 구현하는 방식으로의 변화

사고 전환은 단순히 하나의 요소를 변화시키는 것이 아니라, 사고의 내용, 과정, 패러다임을 유기적으로 연결하고 조화롭게 변화시키는 데서 시작된다.

사고 전환은 주로 행동, 결정, 그리고 문제를 바라보는 방식의 변화로 나타난다. 과거에는 당연하게 받아들였던 관행에 의문을 제기하거나, 새로운 아이디어에 더 개방적으로 반응하는 것이 그 신호다. 특히 중요한 결정을 내리는 순간, 사고 전환은 가장 절실히 요구되며 동시에 사고 패턴을 관찰할 기회가 된다.

이 과정에서 '폐기학습Unlearning', 즉 더 이상 유효하지 않은 정보나 잘못된 사고방식을 버리는 작업이 중요하다. 과거의 사고방식이 현재를 가로막는 장애물이 되지 않도록 이를 제거해야만, 막연히 '옛날이 좋았지'라는 회상 속에서 벗어나 변화와 성장으로 나아갈 수 있다. 과거의 경험은 스스로의 성장을 돕고 사고를 성숙하게 만들지만, 그 방식이 더 이상 효과적이지 않다면 새로운 것으로 대체해야 한다.

프랑스의 철학자이자 시인인 폴 발레리Paul Valéry의 명언, "생각하는 대로 살지 않으면 사는 대로 생각하게 된다"는 말은 사고와 삶의 관계를 깊이 통찰하게 한다. 의식적으로 생각과 신념에 따라 삶을 설계하지 않는다면 결국 환경에 의해 사고가 규정될 것이라는 경고를 담고 있다.

'사고'는 인간의 행동과 선택, 나아가 삶 전체를 형성하는 근본적인 힘이다. 신념과 가치관은 일상에서 내리는 결정에 영향을 미치며 이러한 결정들이 모여 한 사람의 인생을 만들어 간다. 따라서 사고를 전환하는 것은 단순한 생각의 변화가 아니라 삶을 근본적으로 변화시키는 출발점이 된다.

사고방식의 전환 기술 :
M.I.N.D

사고를 전환하고 싶다면 메타사고^{Meta Thinking}에 기반한 자기 인식 ^{Self-awareness}으로 자신을 객관적으로 바라볼 수 있어야 한다. '자기 인식'이란 자신을 명확하고 객관적으로 이해하는 능력을 의미하며, 이를 통해 자신의 강점과 약점, 감정, 동기, 그리고 생각과 믿음을 명확히 깨달을 수 있다. 자기 인식을 바탕으로 자신의 열정과 감정이 무엇인지, 그리고 성격이 인생에서 어떻게 작용하는지를 알게 되면 더 나은 의사결정을 내리고, 개인적 성장과 성공에 한 발 더 가까워질 수 있다. 비판적 사고와 건강한 의심은 자신의 견해를 질문하고, 다양한 정보를 수용하며 끊임없이 자기반성을 하게 만든다. 이러한 과정은 호기심과 겸손을 바탕으로 새로운 정보와 관점을 발견하고 이를 수용함으로써 변화를 잘 받아들일 수 있도록 돕는다.

이러한 사고 전환의 중요성은 한 인디언의 이야기를 통해 더 잘 이해할 수 있다.

신나게 말을 달리던 한 인디언이 갑자기 멈춰 섰다. 말이 지친 것도 아니고, 목적지를 지나친 것도 아니었다. 그는 숨을 고르며 멈춰선 이유를 말했다.

"내 영혼이 미처 따라오지 못할까 봐."

이 이야기처럼 인간은 때때로 멈춰 서서, '지금 나는 어디쯤 와 있는가'를 물어야 한다. 이런 물음이 머리를 스칠 때 사고 전환의 필요성이 자연스럽게 떠오른다.

사고 전환을 돕는 구체적인 훈련으로 M.I.N.D 모듈을 소개하고자 한다. 이 모듈은 사고 전환을 위한 네 가지 핵심 활동으로 구성되어 있으며, 각 활동은 기억하기 쉽도록 'M.I.N.D'라는 단어의 앞글자를 따서 만들었다.

기록Memo, 질문Inquiry, 연결Net, 그리고 결단Decision의 네 가지 활동을 통해 우리는 사고 전환을 체계적으로 실천할 수 있다.

Memo : 기록하기

사람, 사건, 책 혹은 자신의 내면과의 만남은 새로운 생각과 아이디어를 떠오르게 한다. 하지만 떠오른 생각은 쉽게 사라진다. 기록되지 않은 생각은 오래 기억하기 어렵고 단순히 순간적인 기억에만 의존해서는 삶에 의미 있는 전환을 이루기 어렵다. 많은 사람이 떠오른 생각을 기억하려 노력하지만 이를 기록으로 남기는 일은 전혀 다른 차원의 행동이다. 기록은 단순히 기억을 저장하는 도구가 아니다. 기록은 생각을 구체화하고 정리하며, 이를 새로운 아이디어로 발전시키는 강력한 도구다. 기록을 통해 과거의 생각과 현재의 사고를 비교할 수 있다. 이를 통해 새로운 통찰을 얻고 사고를 전환할 수 있는 단서를 발견할 수 있다.

따라서 사고 전환의 첫 단계는 생각을 기록하는 습관을 기르는 것이다. 단, 모든 생각을 기록하는 것이 아니라 전환과 성장을 위해 중요한 생각들을 선별적으로 메모하는 것이 핵심이다. 떠오르는 생각을 단순히 흘려보내지 않고 기록으로 남기는 훈련은 사고 전환의 출발점이다. 메모로 머릿속에서 추상적으로 떠오르는 생각을 글로 구체화하면 사고의 흐름을 더 잘 파악할 수 있다. 이를 통해 새로운 방향을 설정하고 더 나은 선택을 할 수 있다. 기록은 단순한 습관이 아니라 사고 전환의 강력한 첫걸음이다.

Inquiry : 질문하기

기존의 사고방식을 깨고 새로운 관점을 받아들이기 위해서는 새로운 탐구 질문Inquiry Question이 필요하다. 질문이 달라지면 자연스럽게 사고의 방향과 정보 수집의 기준도 변화한다. 일상에서 던지는 질문의 방식을 바꿀 때 고정된 사고를 넘어 새로운 접근법을 발견할수 있다. 예를 들어, "왜 항상 이렇게 해야 하는가?"라는 질문을 "다르게 시도할 방법은 무엇인가?"로 바꿔보자. 이 단순한 질문의 변화는 기존의 사고 틀을 흔들고 새로운 가능성을 떠올리게 한다. 이러한 질문 변화는 기존 사고 패턴을 깨뜨리고 새로운 사고방식을 형성하는 데 핵심적인 역할을 한다.

질문을 바꾸는 훈련은 사고 전환의 중요한 도구다. "왜?", "어떻게?", "무엇을?"과 같은 기본적인 질문은 문제를 여러 관점에서 재해석하고 보다 넓은 시야로 문제를 바라볼 수 있게 돕는다. 이는 단순히 답을 찾는 것을 넘어, 문제 자체를 새롭게 정의하며 새로운 가능성을 탐색하는 과정을 가능하게 한다. 이러한 'I' 질문하기는 우리안에 잠재된 호기심을 자극하고 기존 틀을 넘어서는 사고 전환을 이끌어낸다.

사고 전환은 답에서 시작되는 것이 아니라, 어떤 질문을 던지느냐에 따라 달라진다.

Net : 연결하기

　새로운 사고는 기존의 생각 위에 이질적인 아이디어를 결합하고 전혀 다른 분야의 지식과 경험을 연결하고 통합할 때 가능해진다. 단편적인 사고를 넘어서 생각과 생각, 그리고 생각과 경험을 유기적으로 이어나갈 때 사고의 폭과 깊이를 확장할 수 있다. 'N' 연결하기는 기존의 경로에서 벗어나 새로운 사고의 길을 찾도록 돕는다.

　예를 들어, 예술과 과학, 철학과 경영 등 전혀 다른 분야의 지식을 융합함으로써 더 창의적이고 혁신적인 아이디어를 도출할 수 있다. 이러한 연결은 새로운 통찰을 가능하게 하며 기존의 사고방식으로는 도달할 수 없었던 해결책을 발견하는 데 기여한다. 이 과정에서 중요한 것은 열린 마음과 호기심을 유지하는 것이다. 다른 관점을 기꺼이 받아들이고 이질적인 생각을 연결해 통합하려는 태도는 사고를 새롭게 전환하는 데 매우 중요하다. 또한 원인과 결과의 인과관계를 냉철하고 이성적으로 탐구하는 능력도 필요하다. 이성적 사고는 연결된 생각들을 논리적으로 검토하고 정당성을 부여하는 데 도움을 준다.

　새로운 경험을 받아들이고 기존의 생각을 효과성과 필요성의 관점에서 재검토하며 확장하는 연습은 사고의 강력한 전환을 가능하게 한다. 연결된 사고는 단순히 기존 아이디어를 나열하는 것이 아니라 새로운 맥락 속에서 그 가치를 재발견하고 활용하는 과정이다.

연결은 사고를 확장하고 전환하는 열쇠이며 혁신적인 사고의 토대가 된다.

Decision : 결단하기

아무리 훌륭한 생각이라도 실행되지 않으면 의미가 없다. 사고 전환은 행동으로 이어질 때 비로소 완성된다. 떠오르는 모든 아이디어를 실천할 수는 없으므로 어떤 생각을 실행할지 선택하고 결정하는 과정이 필요하다. 이는 용기와 결단력을 요구하며 새로운 사고를 행동으로 옮기고 그 결과를 다시 사고 전환의 기회로 활용해야 한다.

'D' 결단하기는 다양한 생각 중 실천 가능한 것을 선택하고 이를 실제 행동으로 옮기는 프로세스다. 결단은 단순한 선택을 넘어 이를 실행에 옮기고 결과를 받아들이는 과정을 포함한다. 실패하더라도 이를 학습의 기회로 삼고 다시 새로운 결단을 내리는 것이 중요하다. 이러한 순환 과정을 통해 사고 전환은 점진적으로 강화된다. 실행을 통해 얻은 경험은 사고를 재구성하고 개선할 기회를 제공한다. 이를 반복하며 지속적인 성장과 사고 전환을 이룰 수 있다.

결단하기는 생각의 마침표가 아니라 변화의 시작점이며 새로운 가능성을 여는 문이다.

M(Memo) 사고 : 생각의 씨앗을 기록한다

일상에서 수많은 생각을 하지만 반복적으로 떠오르는 생각은 시간이 지나며 고착화되고 일관성을 띠게 된다. 이렇게 변하지 않는 사고방식, 고정관념에 사로잡히면 변화의 가능성은 점점 더 멀어진다.

"삶을 변화시키려면 습관을 바꿔야 하고, 습관을 바꾸려면 행동을, 행동을 바꾸려면 생각을 바꿔야 한다"는 말이 있다.

그렇다면 어떻게 생각을 변화시키고 사고를 전환할 수 있을까? 사고를 전환하는 가장 효과적인 방법 중 하나는 '기록하기'다.

요식업계에서 성공한 백종원 대표는 '기록을 통해 배운다'는 철학을 실천하는 대표적 인물이다. 그는 요리를 연구하면서 모든 실험 과정과 결과를 꼼꼼하게 기록했다. 요리를 즉흥적으로 만드는 것이 아니라, 모든 조리 과정을 수치화하고 기록하면서 맛의 일관성을 유지했다. 이렇게 축적된 레시피는 이후 프랜차이즈 확장과 성공의 핵심이 되었다.

유시민 작가는 저서『유시민의 글쓰기 특강』에서 기록 습관이 글쓰기를 발전시키고 사고를 정리하는 데 어떻게 기여했는지를 설명한다. 그는 대학 시절부터 수많은 메모를 남겼고, 이를 바탕으로 칼럼과 책을 집필했다. 그의 메모 방식은 단순히 떠오른 생각을 적는 것이 아니라, 나중에 논리적 글쓰기와 깊이 있는 사고로 발전할 수 있도록 정리하는 것이었다. 작가는 "글을 잘 쓰는 사람과 못 쓰는 사람의 차이는 기록 습관에 있다"고 말한다. 이는 단순한 글쓰기뿐만 아니라, 사업 전략, 자기계발, 창의적인 문제 해결 등 모든 분야에서 동일하게 적용될 수 있는 원칙이다.

삼성그룹의 성장 과정에서도 기록의 중요성을 확인할 수 있다. 이건희 회장은 업무 중 떠오르는 생각들을 언제 어디서든 만년필로 작은 메모장에 기록하는 습관이 있었다. 그가 기록한 메모 중 가장 유명한 것이 바로 '마누라와 자식 빼고 다 바꿔라'라는 삼성의 대전환 선언이다. 1993년 프랑크푸르트 회의에서 그는 당시 삼성의 위기를 극복하기 위한 전략을 구상하며, 작은 메모장에 기업 혁신과 변화에 대한 생각을 정리했다. 이 메모는 삼성전자의 글로벌 도약을 이끄는 전환점이 되었다. 이처럼 말은 흩어지지만 글은 세상을 바꾼다.

기록은 단순한 메모가 아니라, 변화와 성장을 실현하기 위한 가장 기본적인 도구다.

현재 자신이 어떤 변화에 대응하고 있으며, 어떤 전환을 계획하고 있는지, 원칙과 가치는 무엇인지, 열정을 가지고 성취하고자 하는 목표는 무엇인지 생각해 봐야 한다. 그리고 행복이 충만하고 몰입하는 삶을 위해 필요한 환경을 고민해 봐야 한다. 그중에서 자신이 가치 있다고 여기는 생각들을 기록한다. 기록은 거창하지 않아도 되며, 긴 글을 쓸 필요도 없다. 짧은 단상이라도 괜찮다. 자신의 생각을 한두 문장으로 정리해 작은 메모지에 기록하는 습관을 들이는 것이 중요하다. 핵심은 단순히 머릿속에 남겨두는 것이 아니라, 그것을 글로 표현해 구체화하는 것이다.

타인의 말이나 글에서 공감을 느낀다면, 이를 포스트잇이나 작은 메모지에 적어 두는 것도 좋다. 이런 기록은 미래의 의사결정을 개선하는 데 강력한 도구가 된다. 결정적 순간을 알아차리고, 잠시 멈춰 정보를 수집하며 다양한 옵션과 성공 요소를 객관적인 기준으로 적어 보아야 한다. 또한 과거의 성공 경험을 돌아보고, 새롭게 배운 내용을 기반으로 자신의 행동 계획을 수정하고 다시 적용해 보는 과정을 반복해야 한다. 작은 메모에서 시작한 습관이 큰 전환과 변화를 이끄는 원동력이 된다.

기록하는 행위는 생각의 속도를 늦추는 데 효과적이다. 자동차가 코너를 돌 때 속도를 줄이듯, 기록하면서 천천히 사고를 펼치면 기존의 한계나 모순을 발견하고, 새로운 생각으로 전환할 기회를 얻게 된다.

메모는 사고 전환의 출발점이며 더 깊이 있는 사고로 나아가는 도구다. 지금 당신의 생각을 기록하라.

효과적인 메모를 위한 세 가지 팁

1. 한 가지 생각은 한 장에 기록하기

메모는 간결해야 한다. 한 가지 생각을 한 문장으로 간단히 기록하는 습관을 들이자.

포스트잇과 같은 기능성 메모지를 활용하면 부담 없이 실천할 수 있다.

하나의 메모에 너무 많은 정보를 담기보다는, 핵심적인 내용을 명확하게 적는 것이 중요하다.

2. 맥락을 함께 기록하기

떠오른 생각과 관련된 맥락을 함께 적어두자. 예를 들어, 생각이 떠오른 책의 제목, 날짜, 장소 등을 기록하면 나중에 그 생각을 다시 떠올리거나 확장하는 데 도움이 된다.

메모는 단순히 단편적인 생각을 저장하는 것에 그치지 않고 생각의 배경과 흐름을 기록할 때 더 유용하다.

3. 정기적으로 검토하고 정리하기

기록한 메모를 정기적으로 검토하는 습관을 들이자.

하루나 일주일 단위로 메모를 다시 살펴보고 유사한 주제별로 분류해 정리해 두면 생각의 흐름을 체계적으로 관리할 수 있다.

컴퓨터를 사용할 경우 태그나 폴더를 활용해 검색과 분류가 쉽게 이루어지도록 정리하자.

I(Inquiry) 사고 :
새로운 생각의 흡수를 위해 질문을 바꾼다

질문이 달라져야 생각이 달라지고, 생각이 달라져야 전환이 가능하다.

'I 사고'는 습관적이고 관성적인 질문이 아니라, 탐구와 전환을 목적으로 하는 효과적인 질문을 탐색하는 과정이다. 이 과정은 사고를 더욱 풍부하게 하고 새로운 가능성을 여는 데 도움을 준다. 예를 들어 단순히 책을 읽을 때 "이 책은 무엇을 말하는가?"라고 묻는 대신, "이 책에서 얻을 수 있는 가장 중요한 통찰은 무엇인가? 그 지식은 삶의 전환에 어떤 영향을 줄 수 있는가?"와 같은 질문을 통해 사고 내용을 더욱 풍부하게 만들 수 있다.

사고의 내용에 변화를 주기 위해서는 질문의 초점이 되는 키워드를 바꾸는 방법을 시도해 보는 것이 유용하다. 예를 들어, "나는 무엇을 변화시켜야 하는가?"라는 질문에서의 키워드는 '변화'다. 이를 "나는 무엇을 변화시키지 말아야 하는가?"로 바꾸면, 키워드는 '변하지 않고 지켜내야 할 것'으로 전환된다. 이처럼 키워드가 바뀌면 질문도 달라지고 이에 따라 떠오르는 생각도 자연스럽게 변화한다. 이러한 접근은 자신의 근본적인 신념과 가정을 점검하는 데 유용하다. 필요하다면 그 신념과 가정을 변화시키는 용기가 필요하다. 이는 사고 전환의 가장 어려운 단계일 수 있지만, 동시에 가장 강력한 변화를 끌어낼 수 있는 과정이다.

자신의 사고 패러다임이 어떻게 행동과 선택에 영향을 미치는지 이해하려면 이를 먼저 인식해야 한다. 이를 위해 "왜?"라는 질문을 반복적으로 던지는 훈련이 필요하다. 예를 들어, "왜 나는 이 특정한 방식으로만 문제를 해결하려고 하는가?"라는 질문은 자신의 사고 패러다임을 되돌아보고 기존의 틀을 깨는 계기를 마련한다. 이렇게 질문을 바꾸는 과정은 기존의 사고방식에서 벗어나 새로운 관점과 가능성을 탐구하도록 돕는다.

이처럼 효율적인 사고 과정을 위해서는 반복적인 질문과 기존 사고 패턴을 깨는 도전적인 질문을 적절히 병행해야 한다. 반복적인 질문은 과정을 정교하게 만들며 도전적인 질문은 다양한 관점과 새로운 시각을 제공한다. 이러한 질문의 조화는 사고의 깊이와 폭을 동시에 확장한다.

사고 과정은 흐름과 순서의 문제로 볼 수 있다. 예를 들어, "은퇴 후에 어떤 일을 해야 하는가?"라는 질문에 답하기 위해, 다음과 같은 질문들을 단계적으로 던질 수 있다.

- 재직 중에 내가 잘했던 일은 무엇인가?
- 은퇴 후에 하고 싶지 않은 일은 무엇인가?
- 지금까지 해 보지 않았지만, 은퇴 후에 새롭게 시도해 보고 싶은 일은 무엇인가?
- 그 일을 위해 은퇴 전에 준비해야 할 것은 무엇인가?

이처럼 질문을 재구성하면 은퇴 후의 '단편적인 목표만 고민하던 사고'를 '재직 기간의 경험을 돌아보는 질문'으로 확장할 수 있다. 또한, 은퇴 후의 계획을 세분화해 하고 싶지 않은 일과 새롭게 시도할 일로 나누고, 그 과정에서 지금부터 준비해야 할 점을 구체적으로 생각하게 만든다.

질문은 단순히 답을 얻는 것이 아니다. 전체 과정을 하나의 흐름으로 설계하는 도구다. 전환 전, 전환 중, 전환 후의 프로세스를 정리하고, 각 단계에서 무엇에 집중해야 하는지 고민하게 만드는 질문을 던지는 것이 핵심이다. 이러한 과정은 사고의 흐름을 더욱 자연스럽게 만들고, 문제 해결 과정 전반을 체계적으로 개선한다.

스티브 잡스는 고집스럽고 확신에 찬 성격으로 유명했다. 그는 자신의 생각을 바꾸는 것을 불쾌하게 여기고, 오히려 자신의 주장이 옳다는 것을 논리적으로 증명하려고 했다. 그의 이러한 태도는 때때로 직원들에게 좌절감을 안겨주었고, 일부는 회사를 떠나는 결정을 하기도 했다. 그러나 흥미롭게도 아이폰의 탄생 배경에는 잡스의 고집스러운 사고를 단번에 바꾼 몇 가지의 단순한 질문이 있었다. 스마트폰 이전의 휴대전화 시장은 기술적으로 미숙했고 오류가 많은 데다 통신업계의 부당한 행위가 심했다. 스티브 잡스는 이 시장이 매력적이지 않으며, 진출할 가치가 없다고 결론지었다. 그는 "절대 휴대전화를 만들지 않겠다"고 맹세하기까지 했다. 그러나 그의 팀원들은 이러한 잡스의 확고한 태도를 직접 반박하지 않았다. 대신, 작은 질문의 씨앗들을 심어 그의 사고를 자극했다.

"경쟁사들이 만든 휴대전화는 쓰레기인 건 맞아요. 그런데 우리가 아름답고 우아한 애플만의 제품을 만들면 어떨까요?"라는 질문이 그중 하나였다. 또 다른 팀원은 "스티브, 저희가 알아보니 아이팟 같은 MP3에 경쟁사들은 컴퓨터 기능을 넣고 있던데요? 그리고 마이크로소프트가 시작했다고 하던데요?"라고 말했다. 이 질문은 특히 그의 경쟁심을 자극했고, 결국 "그래? 마이크로소프트에 질 수는 없지"라는 반응을 끌어냈다. 결국 그는 아이폰 개발 프로젝트를 지시하며 두 개의 팀을 꾸렸다. 한 팀에는 맥 컴퓨터를 더한 휴대전화를, 다른 한 팀에는 맥 컴퓨터를 손바닥 크기로 줄이는 작업을 맡겼다. 이러한 전환적 사고와 실행의 결과로 디지털 시대의 아이콘, '아이폰'이 세상에 등장하게 되었다.

사고 전환을 위한 질문을 만들 때는 과거에 얽매이지 않고 미래를 지향하는 질문을 던지는 것이 중요하다. 전환의 시기에 흔히 빠지기 쉬운 질문은 "왜 이런 일이 하필 나에게 일어났을까?", "무엇이 잘못되었을까?" 같은 과거에 초점을 둔 질문이다. 그러나 이런 질문은 문제의 원인에만 집중하게 하여 앞으로 나아가는 데 도움이 되지 않는다. 대신, "이 상황에서 어떤 기회를 찾을 수 있을까?", "어떤 시도를 하면 한 단계 발전할 수 있을까?"와 같은 해결책 중심의 질문으로 전환해 보자.

또한, 질문을 열어두는 것이 필요하다. "이것이 옳은가, 그른가?", "이 방법이 효과가 있을까, 없을까?"와 같은 극단적인 질문은 사고의 폭을 좁히기 쉽다. 반대로 "어떤 다양한 방법이 있을까?", "이 상황에서 배울 점은 무엇일까?", "다른 사람이라면 이 상황을 어떻게 볼까?"와 같은 개방형 질문은 더 넓은 시야를 제공하고 새로운 가능성을 발견할 기회를 준다.

개인 중심의 사고에서 벗어나 시스템적 관점으로 접근하는 질문도 유용하다. "나는 어떻게 해야 하나?"라는 질문을 "이 상황이 전체 시스템에 어떤 영향을 미칠까?", "우리 모두에게 최선의 결과는 무엇일까?"로 바꿔보라. 이렇게 하면 개인의 이익을 넘어 공동체와 시스템을 고려하는 사고로 확장할 수 있으며, 이를 통해 한층 여유로운 태도로 현재의 상황을 새롭게 바라볼 수 있다.

장기적 관점을 고려한 질문도 사고 전환에 도움이 된다. 경제적 압박이나 긴박한 상황에서는 "지금 당장 무엇을 해야 하나?", "어떻게 하면 이 문제를 빨리 해결할 수 있을까?" 같은 단기적 질문에 매몰되기 쉽다. 그러나 "5년 후, 10년 후에는 어떤 결과가 나타날까?", "아이들이 커서 이 시기를 어떻게 평가할까?"와 같은 질문은 더 큰 그림을 그릴 수 있도록 도와준다. 이러한 장기적 질문은 현재의 어려움을 극복하는 동기와 방향성을 제공한다.

스티브 잡스가 팀원들의 질문을 통해 아이폰의 가능성을 발견했듯이, 우리는 스스로에게 질문하는 것뿐만 아니라 도전적인 질문을 던지는 사람들의 목소리에도 귀 기울여야 한다. 때때로 전환의 기회는 내가 던진 질문이 아니라, 누군가가 건넨 한 마디에서 시작된다. 스티브 잡스에게 아이폰을 탄생시킨 질문이 있었듯이, 당신의 삶을 변화시킬 질문도 지금 누군가가 던지고 있을지 모른다.

N(Net) 사고 :
생각과 생각을 다르게 연결한다

1888년 독일의 안드레아스 플록이 최초의 실용 전기차를 개발했지만, 배터리 기술이 소프트웨어의 발전을 따라가지 못해 상용화되지 못했다. 이를 해결하기 위해 일론 머스크는 사각형 배터리 대신 AA 건전지 크기의 원통형 배터리 수천 개를 병렬 연결하는 방식을 도입했다. 이 단순한 연결의 변화가 30%의 비용 절감, 에너지 밀도 향상, 발열 문제 해결을 이루며 전기차의 혁신을 이끌었다. 생각의 새로운 연결은 새로운 가능성을 만든다. 중요한 것은 정보나 아이디어가 아니라, 이를 체계적으로 정리하고 연결하는 능력이다. 생각과 생각이 연결되고, 더 나아가 자신이 진정으로 원하는 것과 연결될 때, 비로소 사고의 전환이 이루어진다. 이것이 바로 세 번째 사고 전환인 'N사고'다.

'연결^{Net}'의 핵심은 생각과 생각을 이어보는 것이다. 예를 들어, '직업의 전환이 필요하다'는 생각이 떠올랐다면, 그 생각의 앞뒤 맥락을 탐구하며 사고의 흐름을 만들어 가는 과정이 필요하다. 그러한 결론에 이르게 된 이유는 무엇일까? 현재 직업에 만족하지 못해서일 수도 있고, 미래 커리어에 대한 명확한 비전이 없어서일 수도 있다.

'직업의 전환이 필요하다'는 단편적인 생각을 심화시키고 사고력을 훈련하기 위해서는 생각 흐름을 펼쳐보는 연습이 중요하다. 예컨대, 현재 직업에서 만족감을 느끼지 못하고 있거나 커리어 비전이 보이지 않아 전환의 필요성을 느꼈다면, 그 이유와 연관된 요소들을 구체적으로 탐구해야 한다. 이렇게 사고를 전개하면 직업에서 만족감을 느끼게 하는 요인을 탐색하고, 그 만족감을 위한 새로운 커리어 옵션을 검토하며 전환 방향을 설정한다. 그리고 그에 필요한 준비를 단계적으로 실행하는 방식으로 구체화할 수 있다. 결국, 단편적인 생각에 머무르지 않고 문제의 다양한 측면을 살펴보며, 생각과 생각 간의 관계를 명확히 정리해 사고의 흐름을 체계적으로 도식화하는 것이 중요하다. 이러한 사고의 정리 과정은 더 나은 결론과 실행 계획으로 이끌어 준다.

사고의 흐름을 순서에 따라 정리하고 도식화하는 작업은 'N 사고 훈련'의 중요한 과정이다. 도식화를 통해 복잡한 생각을 시각적으로 명료하게 정리할 수 있으며 생각과 생각 간의 관계를 보다 명확히 이해할 수 있다.

모든 생각을 한 번에 바꾸는 것은 쉽지 않다. 그러나 사고의 흐름 중 가장 취약한 부분이나 개선이 필요한 일부를 발견한다면, 최소한의 노력으로 전체적인 사고 흐름에 변화를 가져올 수 있다. 예를 들어, 업무에서 새로운 프로젝트를 계획할 때를 생각해 보자. 프로젝트가 추진되는 배경과 이해관계자의 요구를 분석하고, 목표를 설정한 후 예상되는 문제들을 식별하며 필요한 자원을 평가하고, 구체적인 실행 계획과 책임자를 할당하는 과정으로 사고를 전개할 수 있다. 이렇게 사고의 흐름을 체계적으로 펼쳐보면, 현재 어느 단계를 간과했는지, 어떤 부분이 충분히 준비되지 않았는지 명확히 확인할 수 있다.

이 과정을 머릿속에서만 정리하지 않고 도식화하여 시각적으로 표현하면 각 단계에서 필요한 요소들을 명료하게 파악할 수 있다. 도식화된 사고는 자신이 어떤 단계를 놓쳤는지, 어느 부분에서 더 많은 준비가 필요한지를 명확히 드러낸다. 또한, 기존 사고에서 벗어나 새로운 연결점을 발견하도록 돕는다. 예컨대, '목표 설정'과 '자원 분석' 사이에서 새로운 연결 고리를 찾아내어 예상치 못한 방식으로 문제를 해결할 가능성을 열어준다. 이러한 과정은 단순히 사고의 흐름을 정리하는 데 그치지 않고, 사고 전환과 혁신적인 아이디어의 도출을 가능하게 한다.

연결^{Net}을 실천하는 데 있어서 다양한 도식화 도구를 활용하는 것은 매우 효과적이다. 대표적인 도구로는 마인드맵$^{Mind Map}$, 콘셉트맵$^{Concept Map}$, 순서도^{Flowchart} 등이 있다. 이 도구들은 상황에 따라 적절히 활용할 수 있으며 생각의 흐름을 체계적으로 정리하고 명확히 이해하는 데 큰 도움을 준다.

'마인드맵'은 핵심 아이디어가 중심이 되어 이에 연관된 생각들을 방사형으로 확장하는 방식이다. 특히 브레인스토밍이나 복잡한 문제의 구조를 파악할 때 효과적이다. 비슷한 생각들을 상위 범주의 가지로 묶어 구조를 단순화하고 전체를 한눈에 파악할 수 있게 한다.

'콘셉트 맵'은 개념과 개념 간의 관계를 시각적으로 도식화하는 데 편리하다. 이를 통해 특정 개념들이 어떻게 연결되어 있는지를 명확히 볼 수 있으며 복잡한 개념 구조를 이해하고 정리할 수 있다. 특히 학습이나 연구 과정에서 주요 개념들을 체계적으로 정리하고, 그 관계를 명확히 하는 데 효과적이다.

'순서도'는 특정 문제나 과정의 단계를 시각적으로 표현하는 데 매우 이점이 있다. 복잡한 절차를 단계별로 도식화하면 전체 과정을 명확히 파악할 수 있고 각 단계에서 필요한 작업을 체계적으로 수행할 수 있다. 예를 들어, 제품 개발 과정에서 아이디어 도출부터 최종 출시까지의 단계를 순서도로 정리하면 흐름이 명확해지고 필요한 조치를 쉽게 파악할 수 있다. 고민하고 있는 전환이 무엇이든, 전환 전, 전환 중, 전환 후의 필수 작업을 순서도로 정리해 보면 전환 절차를 더 체계적이고 효과적으로 수행할 수 있을 것이다.

연결의 목적은 단순히 사고를 보기 좋게 도식화하는 데 있지 않다. 기존에 가지고 있던 생각들을 다시 검토하고, 흐름을 재정리하며 새로운 통찰을 발견하는 과정이다. 도식화된 사고는 전통적인 사고 흐름을 시각적으로 드러내어 검토를 가능하게 하고, 새로운 연결점과 전략적 방향을 찾아내는 데 활용도가 높다.

연결은 단기적인 사고 전환을 위한 도구가 아니라, 지속적으로 실천하고 연습해야 할 사고방식이다. 매일 새롭게 접하는 정보와 생각들을 단순히 수용하는 것만으로는 충분하지 않다. 이 정보와 생각들을 체계적으로 정리하고, 새롭게 연결하여 더 명확하고 효과적인 사고 체계를 구축해야 한다. 이는 단순한 정리를 넘어, 사고의 발전과 전환을 이루는 지속적인 실천의 과정이다.

D(Decision) 사고 :
실행으로 옮겨지는 사고를 한다

"실패보다 후회를 두려워하라."

— 타린 로즈 (타이틀리^{Tytly} CEO)

    사고 전환의 결과는 결정으로 이어지며, '결단'의 형태로 나타난다. 전환을 고민하는 개인은 대개 혼자서 모든 것을 결정해야 하는 상황에 놓인다. 전문가의 도움 없이 자신이 수집한 제한된 정보에 의존해 의사결정을 내리다 보면 실수나 시행착오를 피하기 어렵다. 새로운 일을 시작하는 데 망설임을 느끼는 이유는 실패에 대한 두려움, 낮은 자기효능감, 경제적 위험 등이 있다. 특히 이러한 요인들을 실제보다 과대평가하는 태도는 중요한 기회를 놓치게 하고, 성장을 저해할 수 있다.

마틴 셀리그만Martin Seligman은 『낙관성 학습Learned Optimism: How to Change Your Mind and Your Life』에서 '낙관성과 실패 내성Failure Tolerance의 관계'를 설명한다. '실패 내성'이란 실패를 경험한 후에도 다시 일어설 수 있는 능력을 뜻한다. 실패를 극복하고 그 경험에서 더 강해지는 과정은 개인의 성장과 성공에 중요한 요소로 작용한다. 이를 통해 우리는 어려움을 극복하고 더 나은 방향으로 나아갈 힘을 얻는다.

서울시 공무원이던 안혜정 교수는 '실패 연구'에 대한 관심으로 새로운 도전에 나섰다. 공공기관에 여러 시행착오 연구 프로젝트를 제안했지만 번번이 거절당했다. 그러던 중, 그녀의 관심사를 알게 된 친구가 카이스트 실패 연구소에서 연구원을 찾고 있다는 소식을 전했다.

2021년, 안 교수는 연구소의 유일한 연구 조교수로 합류했다. 그러나 초기에는 외로움과 어려움 속에서 스스로 실패를 경험하는 듯한 느낌을 받았다. 하지만 역설적으로, '성공'이 당연한 환경인 카이스트에서 그녀는 '실패'의 개념을 재정립하고, 이를 하나의 문화로 자리 잡게 하는 중요한 역할을 하게 되었다.

안 교수가 정의한 '실패'란, 시간이 지남에 따라 다르게 해석되고 활용될 수 있는 경험이다. 커리어 전환의 과정은 새로운 가능성을 열기 위해 행동과 결단을 요구한다. 꿈과 목표, 비전은 우리를 앞으로 나아가게 하는 동기가 되지만, 동시에 에너지를 소진하는 저해 요인들도 적지 않다. 배우는 것을 중도에 포기하거나, 실패에 대한 두려움을 느끼는 것, 급변하는 상황에서의 공포, 미경험 영역에 대한 불안, 성공이 보장되지 않는 상황에서의 주저함 등이 대표적이다. 그러나 모든 조건이 완벽히 갖춰진 뒤에 내리는 선택은 결국 아무것도 선택하지 않은 것과 다를 바 없다.

영화 〈미나리〉로 전 세계를 감동시키며 화제를 모은 윤여정 배우를 보자. 그녀는 1947년 출생으로 결코 적지 않은 나이에 새로운 도전을 이어간다. 〈매일경제신문〉에 실린 그녀의 이야기는 많은 이에게 귀감이 된다.

"어렸을 때부터 목소리가 남들과 다르다는 것을 느껴왔어요. 미국에서 오랫동안 습한 지역에서 산 것도 제 목소리에 더욱 나쁜 영향을 줬습니다. 그렇지만 그것도 잘 유지하지 못하면 약점이지만 관리만 잘하면 매력 아니겠어요."

— 〈매일경제신문〉과 인터뷰 중

윤여정 배우는 독특한 목소리로 인해 한때 한계를 느꼈지만, 이를 약점이 아닌 매력으로 전환했다. 만약 고정관념에 갇혀 좌절했다면 오늘날 그녀는 없었을 것이다. 그녀가 고백한 약점이 매력으로 승화되는 과정을 보면, 도전에 대한 두려움이나 스스로를 제한하는 생각에서 벗어나는 것이 얼마나 중요한지를 깨닫게 된다. 윤여정 배우의 도전은 그 자체로 감사할 만한 이야기이며, 더 많은 이에게 새로운 가능성을 꿈꾸게 한다.

의사결정에 대한 연구에 따르면, 인간의 뇌는 다양한 편향에 영향을 받아 비합리적으로 작동하기 쉽고, 그로 인해 후회되는 결정을 내리는 경우가 많다. 전환의 시기나 여정은 대체로 편안함과는 거리가 멀고, 시간과 자원의 여유가 부족한 긴장과 스트레스의 연속일 가능성이 크다. 제한된 여건 속에서 몇 가지 사안에 지나치게 집중하거나, 한정된 정보에 의존한 의사결정은 불행한 결과를 초래할 가능성이 높다. 충분한 분석 없이 급하게 결정을 내리는 것도 마찬가지로 위험하다. 바로 이럴 때 "급할수록 돌아가라"는 격언이 떠오른다. 급한 사람들이 모여 있는 곳에 설치된 신호등은 모두에게 질서와 안전을 제공한다. 잠시 기다리는 동안 감정은 가라앉고, 결국 자신의 차례가 온다. 그때가 되면 안정된 마음으로 출발할 수 있다.

오하이오 주립대의 폴 너트 교수는 저서 『결정이 실패하는 이유 Why Decisions Fail』에서 사람들이 의사결정 과정에서 자주 범하는 실수와 피해야 할 7가지 함정을 제시하며, 효과적인 의사결정을 위한 방법을 소개했다.

그가 꼽은 대표적인 세 가지 실수는 다음과 같다.

첫째, 필요한 정보를 수집하기 전에 성급하게 결정을 내리는 판단을 한다.
둘째, 자원을 비효율적으로 사용한다.
셋째, 최선의 전략 대신 욕심이 앞선 고위험 전략을 지속한다.

이러한 실수는 개별적으로 작동할 때도, 한꺼번에 작용할 때도 잘못된 의사결정을 초래할 수 있다.

폴 너트 교수가 제시한 피해야 할 7가지 함정은 다음과 같다.

1. **상황 적합성 무시 함정** : 환경이나 상황의 적합성을 고려하지 않고 가장 먼저 떠오르는 그럴듯한 아이디어에만 집중한다.
2. **미래 문제 간과 함정** : 모든 것이 원활히 진행될 것이라 가정해 잠재적 문제를 간과한다.
3. **목표 부재 함정** : 명확한 목표를 설정하지 않는다.
4. **아이디어 부족 함정** : 더 나은 아이디어나 접근법을 찾지 못한다.
5. **정보 선택 편향 함정** : 선택적으로 정보를 수집하여 잘못된 결정을 정당화한다.
6. **윤리적 문제 회피 함정** : 윤리적 이슈를 해결하지 않고 미루다가 큰 어려움을 초래한다.

7. 과거 학습 실패 함정 : 과거의 실수로부터 배우지 못하고 동일한 실수를 반복한다.

효과적인 의사결정은 이와 같은 함정을 피하는 것으로부터 시작된다. 의사결정 과정의 각 단계에서 최상의 전략을 채택하고, 지속적으로 새로운 아이디어를 모색하며, 다양한 옵션을 객관적으로 평가하고 실패에서 배운다. 특히, 중요한 문제는 초기 단계에서 해결에 집중해야 한다. 초기의 노력과 비용 투자는 나중에 더 큰 문제와 높은 비용을 방지하는 데 크게 기여하기 때문이다. 또한, 윤리적 고려는 의사결정 초기에 포함되어야 하며 단기적인 데이터나 편향된 정보만으로 결정을 정당화해서는 안 된다. 인간의 의사결정 과정은 단순히 정보를 처리해 결론을 도출하는 것이 아니라, 세상을 다양한 방식으로 이해하고 상호작용하는 복잡한 과정임을 기억해야 한다.

행동경제학과 인지심리학 분야에서 인간의 사고 과정과 의사결정 메커니즘에 획기적인 통찰을 제공한 대니얼 카너먼^{Daniel Kahneman}은 2002년 노벨 경제학상을 수상했다. 그는 '이중 프로세스 이론^{Dual Process Theory}'을 통해 인간의 사고를 '직관적 사고 시스템'과 '논리적 사고 시스템'으로 구분했다.

'직관적 사고'는 빠르고 효율적이지만, 논리적 분석을 거치지 않아 편향된 판단을 내리기 쉽다. 복잡한 문제를 간단한 판단 규칙으로 해결하려다 보면 오류가 발생할 가능성이 높다. 예를 들어, 주식을 선택할 때 최근의 상승 추세만을 보고 충분한 분석 없이 투자 결정을 내리는 경우가 종종 있다. 이러한 초기의 직관적 판단은 단기적으로 수익을 얻을 수는 있지만, 장기적으로는 시장 변동성이나 기업 실적과 같은 중요한 요소들을 고려하지 못해 손실을 볼 가능성이 크다. 결국, 우리의 사고 과정에는 많은 오류가 내재되어 있다는 점을 이해해야 한다. 직관적 사고는 효율적일 수 있지만 중요한 의사결정을 내릴 때는 논리적 사고 시스템을 활용해 편향을 줄이고 더 신중한 판단을 내릴 필요가 있다.

카너먼의 연구는 인간의 사고방식이 어떻게 작동하며, 왜 때로는 비합리적인 결정을 내리게 되는지를 이해하는 데 중요한 기여를 했다.

사고 시스템의 전환은 개인의 삶에서 매우 중요한 결정을 의미한다. 제한된 정보를 기반으로 하는 분석적 의사결정^{Decision by Analysis} 보다, 순차적 단계를 따라가는 프로세스 기반 의사결정^{Decision by Process}이 필요한 이유이기도 하다.

평소 빠른 행동을 가능하게 했던 직관적 사고와 충분한 시간과 정보를 통해 심사숙고하는 논리적 사고 시스템을 상황에 맞게 적절히 활용하면 성공적인 전환을 시도할 수 있다. 그럼에도 불구하고 결단의 단계에서는 프로세스에 따른 결정을 내린 뒤 실패를 두려워하지 않는 태도가 중요하다. 흔히 실패는 성공으로 가는 지름길이라고 한다. 반복된 실패의 경험은 선택에 따르는 위험을 감수하고 실패에 대한 대비를 할 수 있는 능력을 길러준다. 느린 결정은 완벽한 상황을 기다리다 결국 아무것도 하지 못한 채 시간을 낭비하게 만들 수 있다. 완벽한 상황을 기다리는 비현실적인 기대에서 벗어나 주어진 여건을 수용하고 과감히 결정을 내려 보자. 설령 실패하더라도 다시 시작할 수 있다. 실패는 끝이 아니라 더 나은 선택을 위한 과정의 일부일 뿐이다.

아마존의 제프 베이조스^{Jeff Bezos}가 매년 주주들에게 보내는 편지는 유명하다. 2015년의 편지에서 그는 자신의 두 가지 의사결정 방식을 설명했다. 베이조스가 언급한 두 가지 방식은 '되돌릴 수 없는 결정'과 '되돌릴 수 있는 결정'이다.

아마존이 웹서비스 사업에 뛰어든 것과 같은 되돌릴 수 없는 결정은 체계적이고 신중하게 협의와 심사숙고를 거쳐야 한다. 반면, 개인이나 팀 단위에서 이루어지는 대부분의 결정은 되돌릴 수 있는 결정에 해당하므로 빠르게 처리하는 것이 더 적합하다. 빠르게 처리하는 데에는 위험이 따르지만, 완벽한 상황을 기다리며 느리게 결정하는 것보다는 훨씬 현명한 접근일 수 있다. 틀린 결정으로 실패를 경험하더라도 이는 도전의 증거이며, 곧바로 다른 결정을 시도하면 된다.

프로세스 기반 의사결정은 의사결정 과정의 단계들을 하나씩 밟아가며, 중요한 결정을 내려야 할 때 겪는 감정적 흔들림이나 편견에서 벗어나는 데 큰 도움을 준다. 이를 통해 더 객관적이고 체계적인 의사결정을 할 수 있다. 또한, 무엇인가를 선택하거나 결정할 때 누구나 빠질 수 있는 사고 오류를 점검하고, 고려해야 할 사항들을 체크하는 데에도 유용하다.

더 나은 결정을 내리기 위해서는 여러 가지 전략을 활용할 수 있다.

첫째, 예측하기다. 가능한 모든 결과를 상상하고 각 결과의 발생 확률과 영향력을 평가한다.

둘째, 정보 수집과 탐색이다. 다양한 정보를 수집하고 다른 사람들의 의견을 경청하며 새로운 가능성을 탐색한다.

셋째, 평가하기다. 각 옵션의 장단점을 꼼꼼히 비교하고 우리의 가치관과 목표에 가장 부합하는 선택지를 택한다.

마지막, 실행하기다. 결정을 내린 후에도 상황 변화에 따라 계획을 조정하고 피드백을 통해 지속적으로 개선해 나간다.

이러한 전략과 원칙을 염두에 두고 REAL 프로세스를 적용해 보자.

더 나은 결정을 돕기 위한
REAL 프로세스

사고 전환을 촉진하고 실행과 선택의 과정에서 실수와 후회를 줄이며, 현명한 선택을 돕는 REAL 프로세스 모델을 소개한다.

REAL 프로세스 단계적 접근법

1. 선택안을 검토하는 것(Review Your Options)

결정을 내리기 전에, 현재까지 고려한 대안 외에 최소한 세 가지 선택안을 추가로 탐색해 선택의 폭을 넓히는 것이 중요하다. 이 과정은 새로운 가능성을 발견하고 기존의 대안을 더 깊이 검토할 수 있도록 돕는다.

검토 과정에서 사용할 수 있는 체크리스트 질문은 다음과 같다.

- A 또는 B를 선택하면 무엇을 포기해야 하는가?

- 똑같은 시간과 비용으로 다른 것을 한다면 어떤 것을 할 수 있을까?

- 만일 현재의 대안을 아예 선택할 수 없다면 어떻게 할 것인가?

- 같은 상황에서 고민하는 친한 친구가 있다면 어떤 조언을 해 주고 싶은가?

- 고민하는 것의 초심은 무엇이었는가? 무엇이 달라졌는가?

- 달라진 마음에서 무엇을 배울 수 있을까?

이 질문들은 대안을 검토하며 우선순위를 명확히 하고 의사결정을 더 객관적으로 할 수 있도록 돕는다.

2. 가정을 평가하는 것(Evaluate Assumptions)

자신의 사고를 지배하고 있는 근본적인 가정을 의심하고, 이를 냉정하게 평가하는 단계다. 이는 편향된 사고를 극복하고 현실적인 선택을 돕기 위한 핵심 과정이다. 이 단계에서는 코치, 멘토, 혹은 전문가의 조언을 구하는 것도 유용하다.

가정을 평가하는 과정에서 사용할 수 있는 체크리스트 질문은 다음과 같다.

- 가정을 의심하고 평가한 정보나 교훈은 무엇인가?

- 비슷한 상황에서 선택을 경험한 사람들, 전문가들로부터 무엇을 배울 수 있을까?

- 몇 차례 작은 실험을 시도해 볼 수 있다면 무엇이 있을까?

이 과정을 통해 자신의 가정을 검증하고, 더 나은 결정을 내릴 수 있는 실질적인 정보를 확보할 수 있다.

3. 거리를 확보하는 것(Attain Distance)

결정을 내릴 때, 시간적 여유와 심리적 거리를 두고 선택을 평가하는 단계다. 이는 감정에 휘둘리지 않고 핵심적인 우선 사항과 장기적인 관점에서 선택안을 검토하도록 돕는다.

검토 과정에서 사용할 수 있는 체크리스트 질문은 다음과 같다.

- 10분 후에 이 선택에 대해 어떤 감정을 느낄까?
- 10개월 후에는? 10년 후에는? 시간이 지남에 따라 어떤 차이가 있을까?
- 멘토나 내가 존경하는 사람이라면 이 상황에서 어떤 결정을 내렸을까?

이 질문을 통해 감정적인 반응에서 벗어나 보다 이성적이고 장기적인 관점에서 결정을 내릴 수 있다.

4. 잠재적 실패에서 배우는 것(Learn from Potential Failures)

결정의 실패 가능성을 미리 상상하고 이에 대한 대비책과 성공 전략을 마련하는 단계다. 잠재적인 실패 시나리오를 작성하고 그 상황에서 무엇을 할지 구체적으로 계획해 본다. 이는 실패로 인한 매몰 비용을 줄이고 다음 시도에 대한 교훈을 얻는 데 유용하다.

검토 과정에서 사용할 수 있는 체크리스트 질문은 다음과 같다.

- 지금으로부터 6개월이 흘렀다고 가정하고 내 결정이 완전히 실패했다고 상상해 보라.
- 그 원인은 무엇일까?
- 결정에 따른 최악의 상황은 무엇인가? 이를 어떻게 대비할 수 있을까?
- 실행과 지원을 위해 누구의 도움을 받을 수 있는가?
- 지금까지 고민한 결과, 어떤 것을 가장 먼저 시도해 볼 것인가?
- 실패를 통해 무엇을 배울 수 있는가?

또한, 매몰 비용$^{sunk\ cost}$을 처음부터 계획에 포함하고 이를 관리해야 한다. 전환의 시기에는 불가피한 도전과 실패가 따르므로 이를 견디고 배울 준비가 필요하다.

REAL 프로세스를 적용할 때 주의해야 할 점은 '결정의 타이밍을 놓치지 않는 것'과 '결정 이후 그 결과를 잘 돌보는 것'이다. 결정이 좋은 결과를 맺기 위해서는 지속적인 관리와 점검이 필요하다. 또한, 프로세스를 거쳤음에도 결론을 내리지 못했다면 서두르기보다 의사결정의 기준과 원칙으로 돌아가 다시 검토해야 한다.

사고 전환을 위한 생각을 기록^{Memo}하고, 질문^{Inquiry}하고, 연결^{Net}하며, 결단^{Decision}을 내리는 M.I.N.D 훈련을 반복해서 해 보고 결정을 위한 REAL 프로세스를 확인해 본다.

MIND 모델과 REAL 프로세스는 전환 과정 전체를 안내하는 종합적인 도구로 사용할 수 있을 뿐만 아니라, 과정 중간중간에 필요한 체크리스트로도 유용하다. 이러한 사고 전환 훈련 모듈은 단순한 이론을 넘어 삶의 실질적인 변화를 가져오는 강력한 도구로 작용한다.

결론적으로, '사고 전환'이란 현상을 새롭게 재해석하는 것이다. 자신의 시선과 관점에서 생각을 기록하고, 질문하고, 연결하며, 결단하는 과정을 통해 이루어진다. 열린 마음으로 다양한 생각과 정보를 받아들이고, 그중 중요한 내용을 기록하고 메모한다(M 사고). 부족한 부분은 질문을 만들어 보완한다. 질문에 대한 답을 찾기 위해 적합한 사람과 대화하거나, 책과 정보를 탐색해 생각을 더 풍부하게 만든다(I 사고). 고민하며 모은 생각과 정보를 체계적으로 도식화하여 관계를 명확히 하고, 이를 한눈에 파악할 수 있도록 연결한다(N 사고). 기록하고 연결한 내용을 바탕으로 최선의 결정을 내린다. 더 나은 선택과 결단을 위해 앞선 과정들이 선행되어야 한다(D 사고).

사고 전환은 단순히 새로운 아이디어를 찾는 것을 넘어, 기존의 생각을 체계적으로 정리하고 새로운 연결점을 발견함으로써 이루어진다.

1. 사고방식, 유연성에 관해 체크해 보자

▪ 사고 전환의 필요성을 느낀 상황이나 계기가 있었는가? 어느 정도였는가?

1	2	3	4	5	6	7
전혀 그렇지 않다	그렇지 않다	약간 그렇지 않다	보통이다	약간 그렇다	그렇다	매우 그렇다

▪ 사고의 유연함과 새로운 정보는 현재 얼마나 필요하고, 중요하다고 생각

하는가?

(7점 척도) _____

▪ 사고의 유연함과 새로운 정보를 얻기 위해 어떤 노력과 시도를 하는가?

_____

_____

2. 사고 전환의 실행과 노력의 지속성을 점검해 보자.

▪ 사고 전환을 위해 투자하는 시간은 한 달에 몇 시간 정도 되는가? _____

▪ 사고 전환을 위해 M.I.N.D 모델 중 실천해 본 방법이 있다면 무엇인가?

☐ **Memo(기록하기)**

떠오르는 생각이나 아이디어를 정기적으로 기록하고 생각을 알아차린다.

☐ Inquiry(질문하기)

기존의 질문을 점검하고 새로운 관점의 질문을 떠올리거나 나에게 적용해 본다.

☐ Net(연결하기)

다양한 사고나 경험을 연결하여 새로운 아이디어를 창출한다.

☐ Decision(결단하기)

전환을 위한 목표를 실행하는 과정에서 REAL 프로세스를 적용한다.

- 사고 전환 과정에서 M.I.N.D 모델 중 어떤 것이 가장 도움이 되었나?

  ☐ M: Memo (기록)   ☐ I: Inquiry (질문)

  ☐ N: Net (연결)   ☐ D: Decision (결단)

  ☐ 기타: 도움이 된 방법 _____

- 시도해 보지 못했다면 무엇 때문일까?

  ☐ 필요성을 못 느껴서

  ☐ 당장 급하지 않아서

  ☐ 생각이나 계획은 해봤지만 실천하기 어려워서

  ☐ 막막하고 무엇부터 어떻게 할지 몰라서

  ☐ 추천하는 내용이 어려워서

  ☐ 기타 _____

3. 생각은 기록해야 보인다. 생각의 씨앗들을 메모해 보자.

▪ 지금 어떤 변화에 대응하고 어떤 전환을 계획하고 있는가?

_____

_____

▪ 나를 이끄는 원칙과 가치는 무엇인가?

_____

_____

▪ 내가 열정을 가지고 성취하고자 하는 일은 무엇인가?

_____

_____

▪ 내가 행복하고 몰입하는 삶을 살기 위해 필요한 환경은 무엇인가?

_____

_____

▪ 스트레스를 받을 때 주로 보이는 생각, 감정, 행동의 패턴은 무엇인가?

_____

_____

4. 새로운 생각을 받아들이기 위해 전환을 위한 질문을 하자.

- 나에게 필요한 전환은 무엇이고 그러한 전환 과정에 보다 실제적인 조언을 듣기 위해 누구를 만나야 할까? 그 사람을 실제로 만난다면 어떤 질문을 하고 싶은지 인터뷰 질문들을 5개 이상 만들어 보자.

_____

_____

_____

_____

_____

5. 위의 기록과 질문을 통해 새롭게 얻게 된 통찰, 생각을 적어보자.

_____

_____

_____

6. 결정을 고민하고 있는 이슈가 있다면 **REAL** 프로세스를 적용해 보자.

- **이슈 점검하기**

  어떤 결정을 고민하고 있는가? _____

  이 이슈는 당신에게 얼마나 중요한가? _____

  이 이슈는 당신에게 얼마나 시급한가? _____

  이 이슈에 대해 얼마나 효능감이 있는가? _____

- **REAL 프로세스의 질문 적용해 보기**

Review Your Options (선택안을 검토하라) _____

Evaluate Assumptions (가정을 평가하라) _____

Attain Distance (거리를 확보하라) _____

Learn from Potential Failures (잠재적 실패에서 배우라) _____

관계
전환

관계 전환 점검 질문

1. 현재 나의 네트워크에 매년 새로운 사람들을 20% 이상 추가하고 있다.
   ☐ yes   ☐ no

2. 새로운 사람이나 커뮤니티들과의 연결을 통해 어떤 성과를 경험한 적이 있다.
   ☐ yes   ☐ no

3. 새로운 사람이나 커뮤니티와의 연결을 위한 나만의 노하우가 있다.
   ☐ yes   ☐ no

4. 글로벌 네트워크를 통해 새로운 시장기회나 트렌드에 대한 정보를 자주 얻는다.
   ☐ yes   ☐ no

인생의 전환점,
관계의 힘을 말하다

"젊었을 때는 돈을 빌려서라도 훌륭한 인맥을 만들어야 한다. 물은 어떤 그릇에 담느냐에 따라 모양이 달라지고, 사람은 어떤 친구를 사귀느냐 에 따라 운명이 결정된다."

— 히구치 히로타로 (아사히맥주 회장)

개인의 삶과 성공에 있어 주변 사람들의 영향력이 얼마나 중요한 지는 모두가 아는 사실이다. 그들의 생각, 행동, 태도, 가치관 등이 나의 삶에 큰 영향을 미친다. 만약 긍정적이고 목표 지향적인 사람 들과 시간을 보내면, 긍정적인 태도와 성공을 향한 동기를 갖게 된 다. 반면에 부정적이고 비관적인 사람들과 시간을 많이 보내면, 부 정적인 영향을 받을 가능성이 크다.

만남과 만남이 이어지면 사람이나 장소를 기반으로 한 네트워킹으로 확장된다. 네트워킹은 단순히 사람 간의 물리적 접촉을 넘어 더 깊은 지식의 연결로 이어진다. 대화와 토론을 함께하며 사람들은 서로의 경험과 지식을 공유하고, 이를 통해 지식과 기회가 확장되고 깊어질 수 있다.

당신의 스마트폰에는 링크드인, 스레드, 인스타그램, 리멤버, 페이스북, 틱톡과 같은 애플리케이션이 몇 개나 설치되어 있는가? 이와 같은 SNS나 커뮤니티 플랫폼 앱을 설치해 두었다면 하루에도 많은 알림이 울릴 것이다. 그 알림은 얼마 전 인공지능을 주제로 강남역에서 진행된 유료 세미나의 옆자리에 앉았던 사람의 친구 추가 요청일 수 있다. 혹은 예전 직장 동료의 이직 소식에 대한 알림일 수도 있다. 아니면 당신의 SNS 친구의 댓글에서 자주 보던 이름만 들어본 온라인상의 친구일 수도 있다.

매일, 매주, 매달 인맥은 생성되고 유지되고 사라지기도 한다. 성공적인 관계 전환을 위해 관계 자본 지수를 통해 현재 나의 관계를 점검해 보자.

관계 전환이 일어날 때마다 1단계의 사람이 2단계로 레벨업 되는 경우도 있고, 2단계의 사람이 3, 4단계로 전환되는 경우도 있을 것이다. 세밀히 살펴보면 이미 주변에는 훌륭한 인맥이 존재한다. 이를 좀 더 구체적으로 인식하기 위해 나의 인맥을 시각화해 보자.

관계 자본 지수	의미
Level 1	이전에 한 번 정도 만난 적이 있으며 얼굴만 아는 사이 SNS상에서 프로필이나 댓글을 인지하고 있는 사이
Level 2	여러 번 마주친 적이 있으며 이름을 기억하고 있고 어떤 모임에서 만나면 서로 안부를 건네는 사이
Level 3	상대적으로 친밀하고 따로 만나서 식사를 할 수 있는 사이
Level 4	당신의 편을 들어주고 당신을 지지해 줄 수 있는 사이

(출처: 『기적을 부르는 네트워킹』, 조 스위니)

비즈니스 네트워킹은 장기적인 경력 개발, 직업적 성공 및 지속적인 개선을 위한 실용적인 자원이다. 개인이 개발하고 유지하고 있는 인맥들은 새로운 네트워킹과 비즈니스 기회로 이어질 수 있다. 더 나아가 개인의 역량을 개발하는 데 도움을 주거나 새로운 직업 기회를 창출하기도 한다. 광범위한 네트워크 구축은 새로운 일자리 기회를 제공하고, 승진 기회로 이어지며, 전문성 개발을 통해 직업적 발전을 이루는 데 도움을 줄 수도 있다.

"당신은 가장 많은 시간을 함께 보내는 다섯 사람의 평균이다."

—짐 론

미국의 저명한 경제경영서 저자인 짐 론의 명언이 실제로 많은 성공적인 인물의 삶에서 주변 사람들의 네트워크가 중요한 역할을 했음을 보여준다. 우리는 앞서 말했듯 주변 사람들로부터 무의식적으로 많은 영향을 받는다. 그렇기에 자신의 목표와 가치를 공유하는 사람들과 관계를 형성하고, 지속적으로 긍정적인 영향을 주고받는 네트워크를 구축하는 것이 중요하다.

인터넷 속도와 플랫폼의 발달로 새로운 사람들과의 연결은 나날이 가속화되고 있다. 이는 다양한 관점과 정보를 제공하여, 변화하는 환경에서 더 유연하고 효과적으로 대응할 수 있게 해 준다.

이처럼 변화에 잘 적응하기 위한 중요한 전략의 하나로 '관계 전환'을 이야기할 수 있다. 즉, 개인과 사회의 관계 방식에도 변화가 필요하다는 것이다. 변화와 불확실성이 만연한 현대 사회에서, '약한 연결weak ties 이론'은 관계 전환의 필요성을 잘 설명해 준다.

변화하는 환경에 적응하고 혁신을 추구하기 위해서는 다양한 배경과 경험을 가진 사람들과의 약한 연결을 적극적으로 형성하는 것이 중요하다. 이는 새로운 아이디어와 관점을 접하게 해 주며, 개인의 성장과 발전을 촉진하도록 한다.

'약한 연결 이론'은 사회적 네트워크 이론 중 하나로, 미국의 사회학자인 마크 그라노베터Mark Granovetter가 제안한 이론이다. 개인이 갖는 느슨한 사회적 연결weak ties이 강한 연결strong ties보다 정보 확산과 새로운 기회 창출에 더 큰 역할을 한다는 내용을 담고 있다. '약한 연결 이론'은 '친밀하거나 자주 교류하는 관계(가족, 친구 등)보다는 가볍게 연결된 관계(지인, 동료 등)가 정보 전달과 사회적 자본 형성에 더 유리하다'고 말한다. 강한 연결이 주로 정서적 지원과 심리적 안정감을 제공하는 데 반해, 약한 연결은 다채로운 정보와 다양한 자원에 접근할 수 있도록 돕는다.

약한 연결은 기존에 알지 못했던 정보를 접할 기회를 확대한다. 정기적인 네트워킹 이벤트에 참여하고, 새로운 동호회나 모임에 가입하면 다양한 배경의 사람들과 교류할 수 있다. 이는 새로운 직업, 학습 기회, 사회적 활동 등을 더 많이 알게 해 주며, 개인의 사회 참여와 발전을 촉진한다.

약한 연결 이론은 개인적인 측면을 넘어서 기업 차원에서도 적용될 수 있다. 2008년 금융위기 당시 많은 기업이 기존의 사업 모델을 재검토하고 새로운 시장과 기술에 적응해야 했다. 이 과정에 성공한 기업들은 한 가지 공통점이 있었다. 바로 기존의 고정된 비즈니스 관계의 울타리를 넘어 적극적으로 스타트업, 학계, 다른 산업 분야와의 협력을 강화했다는 점이다. 약한 연결은 기업이 변화에 신속히 대응하고 혁신을 지속하는 데 중요한 역할을 했다. 또한 약한 연결은 집단 간 다리 역할을 하며, 서로 다른 집단을 연결하고 통합하는 역할을 한다. 이를 통해 개인 간 협력과 사회적 신뢰를 구축할 수 있으며, 이는 안정적인 사회 구성에 도움을 준다.

현재 당신의 모습은 크고 작은 관계 전환의 결과이다

당신의 인생에서 가장 큰 전환을 맞이했거나 새로운 도전을 했던 때를 생각해 보라. 어떤 사람들은 유년기 시절 이사를 하며 경험한 전학일 수도 있다. 고등학교나 대학 진학을 위해 진로를 선택해야 했던 경험일 수도 있다. 취업준비생으로 첫 직장을 선택하거나 대학원 진학 등을 고민했던 시기일 수도 있다. 이직과 퇴직 타이밍의 고민, 경력 단절 기간이 길어져서 재취업을 고민하는 시기일 수도 있다.

우리의 현재 모습은 크고 작은 전환의 결과이다. 당신은 중요한 전환을 앞두고 어떤 그룹에든 내부의 누군가와 상의했을 확률이 높다. 가족일 수도 있고, 얼굴만 아는 예전의 선배일 수도 있다. 혹은 승진자 교육에서 만난 타 부서의 동급, 직급을 가진 사람일 수도 있다. 종교 커뮤니티에서 만난 사람일 수도 있고, 장인어른의 지인일 수도 있다. 주말 조기축구회에서 만난 사람과의 점심 식사나 수요일 저녁 8시에 진행되는 독서 모임에서 처음 만난 사람과 허심탄회하게 자신의 중대한 전환을 이야기할 수도 있을 것이다.

인생은 B^{Birth}(출생)와 D^{Death}(죽음) 사이의 무수히 많은 C^{Choice}(선택)이다. 우리는 살아가면서 수없이 많은 선택과 결정을 해야 한다. 우리는 어떤 결정을 할 때, 주변에 있는 사람들에게 의견을 묻는다.

그 이유는 우리가 내린 결정에 대한 지지와 응원을 받고 싶어 하기 때문이다. 사람은 혼자서는 살아갈 수 없기에 사회적 동물이라고 부른다. 우리가 어떤 전환을 할 때 우리의 시선이 바뀌고 우리의 사고가 바뀌어도 우리는 여전히 누군가에게 지지받고 싶어 하고 응원받고 싶어 한다. 당신의 주변에는 당신의 전환을 도울, 당신의 관계를 지탱해 줄 사람들이 있는가?

누구를 아느냐가
중요한 자산이다

"당신의 삶의 질은 당신의 관계의 질에 달려 있다."

— 앤서니 로빈스, 미국의 작가이자 심리학자

2010년에 개봉된 〈소셜 네트워크The Social Network〉는 페이스북의 창립과정을 다룬 영화다. 하버드대 학생 마크 저커버그가 친구들과 함께 페이스북을 구축하고, 전 세계를 연결하는 과정을 그린다. 영화에서 언급되는 '어떤 두 사람이라도 여섯 단계만 거치면 연결될 수 있다'는 개념은 스탠리 밀그램Stanley Milgram(1933~1984)의 '작은 세상 실험Milgram's Small-World Experiment: Connected by 6 Degrees'에서 비롯되었다.

미국 예일 대학교 교수이면서 사회 심리학자였던 밀그램은 하버드대학교 재직 중 전혀 다른 지역에 살고 있는 모르는 사람에게 우편물을 전달하려면 몇 단계를 거쳐야 하는지를 실험했다. 이를 위해 미국인들의 사회 연결망의 평균 경로 길이를 측정하였는데, 실험 결과 이 관계를 완성하는 데 필요한 지인의 수는 평균 6명이라는 결론을 얻었다. 밀그램의 실험은 정말 세상이 좁다는 것을 최초로 실증한 것으로 당시 대단한 사회적 파문을 일으켰다. 이것을 '인간관계 여섯 단계 법칙six degrees of seperation'이라고 하며 이러한 현상을 '작은 세상 효과small-world effect'라고 한다. 이는 사회적 연결망의 힘을 보여 준다.

영화 〈소셜 네크워크〉는 밀그램의 작은 세상 현상을 중심으로 사람들 간의 관계와 연결성을 조명한다. 이를 통해 우리가 생각하는 것보다 세상이 더 좁고, 사람들 간의 연결이 더욱 긴밀하다는 사실을 강조한다. 페이스북은 처음에는 하버드대학교 학생들 사이에서만 사용되기 시작했지만, 학생들 사이의 친밀한 관계와 빠른 공유를 통해 급속도로 퍼져 나갔다. 결국 페이스북은 전 세계적으로 확산되었다.

"네트워크는 언제나 나보다 똑똑하다."

— 리드 호프만(링크드인 CEO)

현대 사회에서는 개인의 역량과 능력도 중요하지만, 누구를 알고 있는지가 더욱 큰 영향을 미치는 경우가 많다. 이는 특히 비즈니스,

경력 개발, 개인 성장 등에 두드러지게 나타난다. 네트워킹은 단순히 많은 사람을 아는 것에서 그치지 않는다. 이는 기회의 창출을 의미하며, 새로운 프로젝트, 직업, 비즈니스 파트너십 등의 다양한 기회를 열어준다. 예를 들어, 많은 사람이 자신의 현재 직업을 네트워킹을 통해 얻는다. 친구나 동료가 직장 내 공석을 알려주거나, 직접적인 추천을 통해 이루어지기도 하지만 소셜 네트워크를 통해 이루어지는 경우가 더욱 많아지고 있다.

고등학교에서 교사로 근무하는 정아 씨는 링크드인LinkedIn을 활용하여 자신의 전문 네트워크를 확장하고, 이를 통해 경력 성장을 이루었다. 링크드인을 활용한 네트워킹 방법은 다음과 같다.

1. **목표 설정** : 링크드인에서 자신의 경력을 발전시키고, 새로운 기회를 찾기 위해 네트워크를 확장하기로 결정하였다.
2. **가치 제공** : 그녀는 자신의 전문 지식을 포스팅하고, 다른 사람들의 질문에 적극적으로 답변함으로써 가치를 제공하였다.
3. **진정성 유지** : 진심으로 다른 사람들의 성공을 도왔으며, 이는 신뢰를 쌓는 데 큰 도움이 되었다.
4. **적극적인 참여** : 링크드인 그룹과 포럼에 활발히 참여했다.
5. **지속적인 관계 유지** : 그녀는 주기적으로 연락을 유지하고, 중요한 시점마다 인사를 전했다.
6. **다양성 추구** : 다양한 산업과 직무의 사람들과 연결되었다.

7. **기회 창출** : 그녀는 새로운 프로젝트와 협업 기회를 만들어 갔다.

8. **멘토와 멘티 관계** : 그녀는 멘토로서 다른 사람들을 돕는 동시에, 자신도 멘티로부터 많은 배움을 얻었다.

네트워크는 지식의 힘을 더한다

네트워크는 지식의 힘을 배가시킨다. 개인의 지식은 한계가 있지만, 다양한 배경과 경험을 가진 사람들과의 연결을 통해 이 한계를 뛰어넘을 수 있기 때문이다. 네트워크는 정보와 경험의 교류를 촉진하여, 각 개인이 더 많은 정보를 얻고 더 나은 결정을 내리도록 돕는다. 이를 통해 혁신과 창의적인 해결책이 탄생할 수 있으며, 복잡한 문제도 다양한 시각에서 접근하여 해결할 수 있다.

알버트 아인슈타인^{Albert Einstein}은 "지식보다 중요한 것은 상상력이다"라는 명언으로 직접적인 지식공유보다 네트워킹을 통한 창의적 발상과 협력의 중요성을 강조하였다. 네트워킹을 통하여 창의적 발상을 강조한 이유는 네트워크가 다양한 배경과 전문성을 가진 사람들을 연결하고, 다각적인 시각에서 문제를 이해하고 해결하는 환경을 만들어주기 때문이다. 우리는 다양한 분야에서 일하는 사람들과의 네트워킹을 통해 더 넓은 시야와 새로운 아이디어를 얻을 수 있다. 이는 창의적 문제 해결 능력을 향상하고, 사업 기회를 포착하는 데 큰 도움을 준다. 네트워킹은 단순한 인간관계를 넘어, 실질적인 성과와 기회를 가져오는 중요한 요소이다.

네트워크는 지속적인 학습과 성장을 가능하게 하여, 변화하는 환경에 유연하게 대처할 수 있는 능력을 키워준다. 또한 네트워크는 지식의 힘을 극대화하여 개인과 조직의 성공을 끌어내는 중요한 자산이 된다.

개인이나 조직이 지식을 공유하고 교환하기 위해 형성하는 사회적 관계망social network을 '지식 네트워크knowledge network'라고 한다. 이는 현대와 같은 지식기반 사회에서 성공을 거두는 데 중요한 역할을 하는 필수적인 사회적 자본이기도 하다. 네트워크는 단순히 사람들을 연결하는 망social-web 이상으로 다양한 지식 요소를 포함하고, 이를 통해 가치를 창출하는 역동적인 시스템이라고 볼 수 있다.

지식 네트워크의 대표적인 사례는 '오픈 소스Open Source 소프트웨어 커뮤니티'이다. 오픈 소스 프로젝트는 전 세계 개발자들이 협력하여 소프트웨어를 개발하고 개선 및 유지하는 방식으로 이루어진다. 여기에 참여하는 사람들은 자신에게 금전적인 혜택이 없더라도 자신의 지식과 기술을 나누어 주고, 커뮤니티에 공헌하는 것만으로도 만족감을 느끼면서 활동한다. 오픈 소스 커뮤니티는 상업적인 목적이 아니더라도 멤버들의 자발적인 참여와 헌신을 통해 훌륭한 소프트웨어를 만들어 낼 수 있다는 것을 보여준다.

지식 네트워크의 효과적 활용은
혁신과 성장을 촉진한다

'인간의 만남', 즉 네트워킹은 단순한 물리적 접촉을 넘어 더 깊은 지식의 연결로 이어진다. 대화와 토론을 통하여 사람들은 서로의 경험과 지식을 공유하고, 새롭게 배울 수 있다. 이를 통해 지식이 확장되고 깊어지는 것이다.

지식 네트워크는 인류의 역사만큼 오래되었다. 중세 길드와 도제 제도를 통해 장인과 상인들은 체계적으로 지식을 전수했다. 현대에는 디지털 네트워크가 이를 대체하며, 물리적 거리를 넘어 신속한 협력을 가능하게 하고 있다. 규모를 막론하고 모든 영리 조직과 비영리 조직들이 좀 더 신속하게 학습하고 생산적으로 협력하기 위해 지식 네트워크 모델을 활용한다. 현대의 지식 네트워크는 사회적으로 내재된 지식이고, 공식적인 정보 채널로 쉽게 이전될 수 없는 비공식적인 특성을 가진다. 공식적인 조직 구조를 넘어 다양한 개인과 조직을 연결하며, 지식을 효과적으로 창출, 확산, 공유, 활용할 수 있게 촉진한다.

지식기반 사회에서 지식 또는 학습은 개인, 기업, 국가 경제의 운명을 좌우할 정도로 중요하다. 지식 네트워크가 가장 중요시하는 것은 대개 지식을 개발하고 분배해 적용하는 것이다. 그렇기 때문에 지식기반 경제의 주축이 되는 OECD 국가들은 지식 분배 네트워크 구축을 위한 투자를 늘리고 있다.

지식 네트워크에서 공유되는 유형은 네 가지로 나눌 수 있다. 사실에 관한 '명시적 지식know-what', 문제 해결 방법과 과정에 대한 '암묵적 지식know-how', 기본 원리와 이론에 대한 '맥락적 지식know-why', 그리고 새로운 지식을 가지고 있는 '사람에 대한 관계적 지식know-who'이다.

첫 번째로, '명시적 지식'이란 '노우-왓know-what'이다. 흔히 인간과 기술 속에 체화되어 있는 명확하고 구체적인 지식을 의미한다. 사실fact에 관련된 것을 아는 것, 다시 말해서 책이나 보고서, 매뉴얼, 특허, 교육 프로그램 등 쉽게 공유하고 전달되며 객관적으로 표현할 수 있는 정보에 가까운 지식이다.

두 번째는 '암묵적 지식'인데, 우리가 '노하우know-how'라고 알고 있는 개인의 경험, 직관, 판단력, 기술 등을 통해 습득한 지식을 말한다. 특정 업무를 수행하는 방법이나 문제 해결 능력, 의사소통 능력,

지식 네트워크의 유형

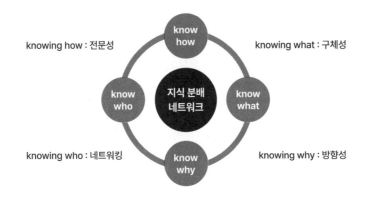

(출처: 『인적자원개발의 기초』, 임세영 저)

팀워크 능력, 창의력 등 개인의 경험과 실무를 통해 쌓아가는 지식
이며 명확하게 표현하기 어렵고 암묵적으로 전달된다.

세 번째는 '맥락적 지식'으로, 특정한 상황이나 환경에서 의미를
갖는 지식이다. 문화적 배경, 역사적 사건, 산업 트렌드, 경쟁 환경,
조직 문화 등의 이해에 필요한 지식으로 '노우-와이^{know-why}'라고 하
며 이유와 맥락과 상황에 따라 유연하게 적용되어야 한다.

마지막으로, '관계적 지식^{know-who(m)}'은 '노우-후^{know-who}' 혹은 '노
우-훔^{know-whom}'으로 표현되는데, 전문가나 특정 분야의 '누가' 무엇
을 알고 있으며, 그 무엇을 어떻게 하고 있는지를 아는 것이다. 즉,
이는 우리가 필요로 하는 지식이나 정보를 소유한 사람을 알고 연
결할 수 있는 능력이며, 지식 네트워크의 효과성을 높이는 데 중요

한 역할을 한다. 지식 네트워크의 네 가지 유형 중 '관계적 지식know-who(m)'은 가장 중요하고 핵심적인 역할을 한다.

경제학자 로널드 코즈Ronald Coase는 1937년에 발표한 유명한 논문 '기업의 본질The Nature of the Firm'에서 '정보비용이 줄어들면 기업의 규모가 커질 것'이라는 예측을 내놓았다. 하지만 정보비용 감소로 증가한 것은 조직의 규모가 아니라 조직 간 연결 혹은 협력이었다.

조직 측면에서 관계적 지식은 매일의 고객, 하청업자, 연구기관, 기타의 기관들과의 접촉에서 개발된다. 이를 통해 다양한 분야의 전문가나 풍부한 경험과 관점을 가진 사람들을 연결해 조직 내 지식 자산을 활성화하고 경쟁력을 강화할 수 있다. 지식 네트워크를 통해 새로운 아이디어를 자유롭게 공유하고 논의할 수 있는 환경을 조성하는 것은 조직의 문화 혁신을 가속한다. 조직의 지식 자산을 활성화하면 조직 경쟁력을 강화할 수 있고, 조직 내외부의 지식을 효과적으로 활용하여 조직 학습 능력도 향상할 수 있다.

석유 탐사 생산 기업인 코노코필립스ConocoPhilips는 전 세계 글로벌 네트워크를 통해 1만~3만 명의 회원들이 생산 공학과 IT 솔루션 등 다양한 주제로 지식을 공유하며, 지속 가능한 비즈니스 가치를 창출하기 위해 활동한다. 또한 삼성전자의 사내 벤처 프로그램인 C-Lab Inside는 임직원들이 신사업 영역을 발굴하고 탐색하기 위해 자유롭게 아이디어를 공유하는 지식 네트워크의 혁신 사례 중 하나이다. 다른 사례로, IBM사의 'Think Academy'가 있다. 이 조직은 최신 기술 동향과 산업 트렌드를 학습하고 지식을 공유하는 플랫폼으로서 지속적 성장을 도모하고 새로운 사업 기회를 창조하는 혁신과 창의성의 기회로 활용되고 있다.

지식 네트워크는 기업뿐만 아니라 개인에게도 강력한 성장 도구가 된다.

첫 번째는 지식 습득의 기회를 넓혀주어 다양한 분야의 지식과 정보를 활용하여 문제를 해결할 수 있는 능력을 향상한다.

두 번째는 끊임없이 변화하는 환경에 적응하고 새로운 기회를 포착하는 데 필요한 혁신 능력을 길러준다.

세 번째는 새로운 기술과 트렌드에 대한 접근성을 높여 경력 발전에 도움을 준다.

마지막으로는 조직 구성원들 간이나 외부의 파트너와의 협업을 촉진해 시너지를 창출하기도 한다.

지식 네트워크 구성원들은 계약이나 보상, 위계질서가 아닌 공통의 관심사와 목적을 이유로 지식 네트워크에 참여한다. 결국 사람에 대한, 사람에 의한 연결인 셈이다. 이 모든 파트너십이나 네트워크가 잘 작동되기 위해서는 '네트워커Networker'가 필요하다. 앞으로는 이러한 네트워커가 되는 주체가 누구인지 그 역할은 무엇인지에 대해 고민해야 할 것이다.

다양한 정보를 얻는 중요한 통로, '네트워킹'

'네트워킹'은 다양한 정보를 얻는 중요한 통로이다. 정보는 개인의 의사결정에 큰 영향을 미치며, 정확하고 신뢰할 수 있는 정보는 성공의 열쇠가 된다. 개인이 접할 수 있는 정보에는 한계가 있지만, 다양한 배경과 경험을 가진 사람들과의 네트워킹을 통해 이 한계를 극복할 수 있다. 특히, 비즈니스 환경에서는 시장 동향, 경쟁사의 전략, 새로운 기술 등 다양한 정보가 필요하다. 이러한 정보를 빠르게 얻고, 적절하게 활용하는 능력은 네트워킹을 통해 강화될 수 있다.

네트워크 내에서의 정보 교환은 단순한 데이터 공유를 넘어서, 경험과 지혜를 공유하는 과정이다. 예를 들어, 직장 내에서의 어려움을 극복하는 방법, 특정 산업의 최신 동향, 경쟁사의 전략 등 중요한 정보들은 네트워킹을 통해 더 쉽게 접근할 수 있다. 이를 통해 개인은 더 나은 의사결정을 내리고, 새로운 기회를 포착하며, 자신의 역량을 더욱 강화할 수 있다. 결국, 네트워킹은 성공적인 커리어와 비즈니스 성장을 위한 필수적인 도구이다. 구체적인 사례를 소개하면 다음과 같다.

1. 실리콘밸리의 네트워킹 문화

실리콘밸리는 혁신과 스타트업의 중심지로, 이곳의 네트워킹 문화는 정보 교환과 협업의 중요한 요소로 자리 잡고 있다.

스타트업 창업자가 기술 개발에 어려움을 겪고 있을 때, 네트워킹 이벤트에서 만난 경험 많은 엔지니어가 유사한 문제를 해결한 경험을 바탕으로 실질적인 해결책을 제공해 줄 수 있다. 이를 통해 스타트업은 문제를 해결하고, 제품 개발을 성공적으로 완료한다. 네트워킹을 통해 얻은 정보와 조언이 문제 해결과 제품 개발 속도에 크게 기여한 경우이다.

2. 학계와 산업계의 협력

학계와 산업계 간의 협력은 중요한 연구와 기술 개발을 촉진한다.

대학의 연구자가 첨단 소재에 대한 연구를 진행하는 중, 산업계의 네트워킹 이벤트에서 관련 기업의 연구개발 담당자와 만날 경우, 이들은 서로의 연구 결과와 데이터를 공유하고, 공동 연구 프로젝트를 시작할 수 있다. 이를 통해 연구자는 실용적인 기술 개발을 가속하고, 기업은 최신 연구 결과를 빠르게 적용하여 제품 혁신을 이루어 낼 수 있는 것이다. 네트워킹을 통해 서로의 강점을 결합하여, 연구와 기술 개발의 속도와 품질을 향상하는 경우이다.

3. 직장 내 멘토링 프로그램

많은 기업이 직원들의 성장을 돕기 위해 멘토링 프로그램을 운영한다.

신입사원이 회사 내 멘토링 프로그램에 참여하여, 경험 많은 선배와 네트워크를 형성하는 경우, 멘토는 신입사원에게 직장 내 정치, 프로젝트 관리,

경력 개발에 대한 중요한 정보를 제공하며, 실질적인 조언과 지원을 아끼지 않는다. 이를 통해 신입사원은 빠르게 성장하고, 중요한 프로젝트를 성공적으로 이끌어나갈 수 있다. 네트워킹을 통해 얻은 정보와 조언이 개인의 경력 개발과 업무 성과에 큰 기여를 하는 사례이다.

이러한 사례들은 네트워킹이 어떻게 중요한 정보를 얻는 통로가 될 수 있는지를 잘 보여준다. 각 사례에서 네트워킹을 통해 얻은 정보와 기회가 문제 해결, 경력 발전, 기술 혁신 등 다양한 면에서 긍정적인 영향을 미쳤음을 알 수 있다.

시대의 변화에 따라
새로운 공동체로 연결된다

"사람들은 변화에 저항하지 않습니다. 억지로 변화시키는 데 저항하는 것이지요."

— 피터 센게, 『학습하는 조직The Fifth Discipline』

피터 센게Peter Senge는 조직의 변화와 학습에 대한 새로운 관점을 제시하며 변화에 대한 사람들의 저항을 새롭게 해석하고 있다. 그는 사람들이 변화 자체를 거부하는 것이 아니라 타의에 의해 강제로 변화시키려는 시도에 저항한다는 점을 강조하고 있다.

오늘 날 변화는 두 가지 축에서 진행된다. 한 가지는 급격한 기술의 발전으로 수년 동안 변화의 키워드로 주목받는 '디지털 전환'이 그 흐름을 대표하고 있다. 또 다른 한 가지는 세대 이슈로 'MZ 세대가 우리 사회의 주역으로 자리 잡아가고 있는 현상'이 그 변화를 대변한다.

2024년을 전후로 단일세대로는 가장 큰, 우리나라 인구의 18.6%를 차지하는 2차 베이비부머 세대가 법정 은퇴 연령에 진입할 예정이다. 그 여파로 MZ 세대가 조만간 조직의 50~60%를 차지하면서 급격한 세대교체 현상이 일어날 것으로 예상된다. 이 과정에서 수평적이고 반권위주의적인 조직 문화에 대한 변화 요구가 높아질 것으로 전문가들은 추정하고 있다. 이제는 카리스마 중심의 수직적 리더십이 아니라 공감하고 포용하는 수평적 리더십이 요구되고 있다.◆

조직은 시장과 고객의 변화에 맞춰 끊임없이 변화해야 한다는 외부의 압력에 직면해 있다. 반면, 조직 내부적으로는 과거와 달리 상부의 의사결정에 의존하는 톱다운 방식의 변화 요구에 저항하거나 냉담한 반응을 보이는 새로운 세대가 늘어간다. 이러한 상황 속에서 개인의 성장과 조직의 성장을 동시에 확보하려면 어떻게 해야 할까?

우리는 이와 같은 질문에 대한 대답 중 하나로 '공동체community'에 주목하고자 한다. 갈수록 사회는 필요한 기술을 빨리, 숙련도 높게 학습하는 인력이 필요하다. 또한, 인적 네트워크를 유기적으로 만들

◆ 『누구나 한 번은 리더가 된다』 최익성, 박성우 공저(2024)

고 활용할 수 있어야 한다. 또한, 갈수록 고독한 개인이 넘쳐 나는 세상에서 개인들을 연결하고 에너지를 만들어 낼 수 있는 통로가 필요하다. 바로 '커뮤니티'가 단절과 고립의 시대에 중요한 완충 지대 역할을 해 줄 수 있다.

공동체의 관계 설정 방식이 달라지고 있다

"한 아이를 키우기 위해 온 마을이 필요하다."

마을 공동체의 대표적인 사례로 성미산 마을을 들 수 있다. 이 곳은 1994년 서울 마포구 성미산 일대에서 젊은 맞벌이 부부들이 공동 육아 방식을 고민하며 시작되었다. 이들은 육아뿐 아니라 교육, 생태, 경제, 문화 등 다양한 방면에서 바람직한 생활 공동체를 구현하기 위해 새로운 모델을 만들어갔다. 성미산 마을 홈페이지를 방문해 보면 육아 공동체, 교육 공동체, 마을 공동체, 생활 공동체, 주거 공동체, 문화 공동체 등 마을 동아리를 만들기 위해 노력한 흔적들을 확인할 수 있다. 그 노력은 어린이집, 대안 학교, 가게, 협동조합 등의 형태로 나타났다. 이처럼 일반적인 도심 생활에서 찾아보기 어려운 마을 공동체를 이룬 성미산 마을은 훌륭한 공동체 관계를 형성했다는 측면에서 강한 유대감을 가진 공동체 사례로 평가 받는다.

하지만, 우리가 살아가고 있는 현대 사회에서는 이제 성미산 마을과 같은 관계가 형성되는 공동체는 찾아보기 힘들다. 특히, 도심 생활에서는 물리적으로 함께 모여 살지만 오히려 공동체 관계망의 강도는 느슨해지고 있다. 갈수록 1인 가구의 수가 늘어나고, 바로 옆집에 누가 사는지 잘 모르고 또 알려고도 하지 않을 만큼 개인화되고 있다.

그런데 또 한편으로는 동일한 목적을 가진 개인들이 자율적으로 모여 자신의 가치를 실현하는 '신공동체주의'가 등장하여 관심을 받고 있다(황미화, 2022). 이 공동체들은 구성원들이 공동으로 중요하다고 인정하는 가치를 중심으로 자율적으로 모이고, 상호작용을 통해 공동의 목표를 추구한다는 점에서 기존의 공동체와는 또 다른 형태의 관계를 형성한다. 어쩌면 개인화되고 파편화되고 있는 사회의 흐름에 대한 반작용으로 새로운 형태의 공동체 관계를 찾는 사람들이 많아지고 있는 것일지도 모르겠다.

애호의 시대, 취미로 네트워킹하다

과거 커뮤니티는 학연, 지연과 같은 전통적 연고 중심으로 형성되었다. 정보가 제한된 시대에는 주어진 반경 안에서 확보된 인맥을 활용하는 것이 일반적이었다. 하지만 최근에는 개인의 가치, 흥미,

관심, 취미를 중심으로 모이는 새로운 형태의 네트워크가 확산되고 있다. 이른바 '애호愛好의 시대'가 열리고 있는 것이다. 자동차 애호가, 달리기 애호가, 커피 애호가, 미술품 애호가, 뮤지컬 애호가 등 각 개인이 애호하는 것들이 개인별로 다양화되어 가치가 부여된 '나만의 것'에 열광하는 모습이 늘어나고 있다. 이는 단순한 취미 활동을 넘어 새로운 가치를 창출한다. 또한, 공동체 의식을 형성하고 사회 변화를 끌어낸다.

이러한 현상은 효율성보다는 '과정의 의미'와 '개인의 가치'를 중요하게 여기기 때문이다. 이는 단순한 경제적 역행이 아니라, 경험과 독창성을 중시하는 현대인의 가치관 변화를 반영한다. 취미 기반 네트워크는 누구나 평등하게 참여하며 자신의 관심사를 자유롭게 공유할 수 있는 환경을 만든다. 이는 온라인 플랫폼과 오프라인 모임이 결합된 형태로 확장된다.

'애호의 시대'는 단순한 트렌드가 아니다. 사람들이 연결되고, 지식을 공유하며, 가치를 창출하는 새로운 시대에 어울리는 적응 방식이다.

피어 커뮤니티,
목적을 위한 모임이 등장하다

'피어 커뮤니티peer community'는 공통된 관심사나 목표를 가진 사람들이 모여 서로 지지하고 협력하며 발전하는 모임이다. 개인의 가치나 목적을 위해 유연하게 모였다가 흩어지므로 '플렉시블 모임Flexible gathering'이라고도 부른다. 예를 들면, 달리기를 하고 싶은 저녁 어느 날, 러닝 크루를 모아 한강 변을 뛸 수도 있고, 환경을 지키며 조깅하는 플로깅plogging을 기획할 수도 있다. 플렉시블 모임은 익명성과 그에 따른 느슨한 연결이 특징이다. 그렇기 때문에 정기적으로 모일 수도 있고 그렇지 않을 수도 있다. 이 모임은 경직된 정기 모임이 필연적으로 가져다주는 스트레스가 적고, 비용과 시간을 개인이 선택할 수 있는 장점이 있다. 일회성 공연인 버스킹, 북클럽, 배드민턴 모임과 같은 성격으로 오프라인으로 만났다가 해산하기도 해서, '팝업pop-up' 커뮤니티라고도 한다. 이 책에서는 이러한 커뮤니티를 '피어 커뮤니티peer community'로 표현하였다.

이처럼 실생활에서 비슷한 관심사를 가진 사람들과 함께 자신의 관심사나 취미, 선호를 통해 자연스럽게 친목을 도모하는 관계가 생겨나고 있다. 공통의 관심사나 경험으로 서로의 가치관, 성격, 삶에 대해 관심을 갖고 공감대를 형성해 즐거움을 느끼는 것이다.

'모두의연구소'는 처음에 '누구나 하고 싶은 연구를 마음껏 할 수 있게 하자'는 취지로 설립된 스타트업이다. 트렌디한 문화가 밀집한 강남 지역에 공간을 마련하고, 공통 관심사를 지닌 사람들이 평일 밤이나 주말에 모여 연구할 수 있는 터전을 제공하였다. 주변 사람들은 기존에 보지 못했던 새로운 비즈니스를 시도하는 '모두의연구소'를 신기해했고, 과연 돈을 어떻게 벌고 어떻게 회사를 유지할 수 있을지 우려하기도 했다. 창업 초기에는 다양한 사람들이 다양한 주제를 연구하기 위해 모여들었고, '알파고 이슈'가 터진 후에는 인공지능 관련 연구 모임과 스터디 모임이 급격하게 늘어났다. 시간이 지날수록 업무상 주어지는 주제를 연구하는 대신 자신이 정말 하고 싶은 주제에 대해 연구할 수 있는 공간이라는 인식이 퍼져갔다. 인공지능 분야에 대해 전문성을 가진 사람들이 모여 서로 가르쳐 주고 배우면서 자연스럽게 동료 학습이 이루어졌다. 인공지능에 대해 전문성이 없는 사람들은 플립 러닝flipped learning 방식으로 진행되는 '풀잎 스쿨'을 자발적으로 개설하고 사람들을 모아 같이 학습하면서 성장하는 경험을 할 수 있었다.
그 결과 '모두의연구소'는 국내에서 최초로 커뮤니티 비즈니스를 기반으로 투자를 받는 스타트업이 되었고, 지금까지 인공지능 관련 교육과 연구, 그리고 커뮤니티를 운영하는 비즈니스를 지속적으로 이어오고 있다.

위의 사례처럼 개인의 흥미나 관심사에 따른 모임이 일시적이고 즉흥적으로 생성되고 있다. 이러한 모임은 얼마든지 개인의 선호에 맞춰 원하는 형태로 생성되며, 이로 인한 새로운 관계가 형성되고 그로 인해 상호보완적인 영향력을 얻을 수 있다.

예를 들면, 여행을 통해 다양한 문화를 접하고 인생관을 확장할 수 있다. 다양한 문화적 배경을 가진 사람들과 소통하며 시야를 넓혀 자신을 성장시키고 발전시킬 수 있다. 새로운 취미 활동을 시작할 때 비슷한 관심사와 흥미를 가진 사람들과 서로의 경험과 지식을 공유하고, 새로운 지식과 기술을 배우며 자신의 능력을 발전시킬 수 있다.

또한 새로운 스포츠에 도전할 때도 같은 운동을 즐기는 사람들을 만나면 스포츠를 통해 건강한 생활 습관을 유지하고 스트레스를 해소하는 데 도움이 된다.

강좌나 세미나와 같은 자기계발 프로그램을 통해 개인적인 성장과 발전을 도모하는 사람들을 만나 배우며 성장할 수 있다. 그리고, 사회문제 해결이나 지역 사회 발전을 위해 봉사 활동에 참여하기도 한다. 지역 사회에 대한 관심과 책임감을 가진 사람들과 함께 시간을 보내며 긍정적인 영향을 받고, 자신도 성장하고 발전할 수 있다. 혹은 기부 활동을 통해 사회에 대한 책임감을 느끼기도 하고 삶의 만족도를 높일 수 있다.

멘토링 프로그램을 통해서도 새로운 사람들을 만나고, 경험과 지식이 풍부한 멘토의 진솔한 피드백과 조언, 지지를 통해 자신의 성장과 발전에 도움을 받을 수도 있다. 지금까지 언급한 예시들은 실생활에서 관계가 확장될 수 있는 다양한 상황들을 보여주는 커뮤니티의 모습들이다.

이처럼 관심사에 기반한 커뮤니티 활동은 MZ 세대의 특성과도 잘 부합한다. MZ 세대는 조직에서 제공하는 공식적, 비공식적 모임이나 커뮤니티를 우선순위에 두지 않는다. 오히려 조직의 틀을 벗어나 자신의 관심사나 가치에 부합하는 커뮤니티를 찾고 새로운 사람들과 느슨한 관계를 형성하면서 자율적으로 활동하는 것을 선호한다. 남이 만들어 준 틀에 맞춰 자신을 바꾸려고 하기보다는 자신이 스스로 선택한 커뮤니티와 자신이 선호하는 방식으로 삶과 인생을 바꾸어 나가려고 하는 것이다.

정보화 시대 이전에는 '정보Information'가 소수의 무리에 의해서 독점되어 제한적으로 제공되었다. 어느 지역 출신인지, 어느 학교를 나왔는지를 기준으로 형성된 커뮤니티가 중심이 될 수밖에 없는 사회였다. 그러니 같은 지역이나 소속이라도 개인의 경험이나 역량에 따라 알 수 있는 정보나 지식에 한계가 있었다. 이런 암묵적 정보는 특별한 관계 사이에서만 공유되기 때문에 관계를 맺기 위한 불편한 시간과 에너지 낭비도 감수해야 했었다.

예를 들면, 악기 하나를 배우려 해도 음악 학원을 다녀야만 가능했고, 학연이나 지연에 묶인 모임에서는 활동 이외의 시간 낭비나 뒷풀이도 감수해야 했다. 회사에서의 업무도 동료 담당자와 인간적으로 어떤 관계를 맺고 있느냐에 따라 얻을 수 있는 정보의 질과 업무 협조의 수준이 달라지기도 했다. 긴밀한 이해관계에 있는 업무 담당자와의 친밀도를 높이기 위해 담배를 같이 피거나, 커피 타임, 술자리 등을 가지기 위해 노력해야 했다. 그러나 지금은 유튜브, 블로그, 온라인 강좌 등 언제든지 검색만 하면 원하는 정보를 비교적 손쉽게 찾을 수 있다. 오히려 수많은 데이터와 정보의 홍수 속에서 쓸데없는 정보들을 거르고 의미 있는 지식을 선별하는 것이 더 중요해졌다.

현대 사회는 단순한 정보 습득을 넘어 개인의 가치와 관심사를 바탕으로 지식을 공유하고 학습하는 커뮤니티가 활성화되고 있다.

특히, 일과 삶의 균형을 중시하는 워라밸Work Life Balance(WLB) 문화 속에서 업무 이외의 시간에 함께 취미 활동을 즐길 수 있는 모임을 찾는다. 업무의 전문성을 향상하기 위해 학습 모임을 구축하거나 캠핑, 독서, 전시회를 함께 즐길 수 있는 모임을 새롭게 만든다. 누구든 밴드를 만들어 보컬이 되거나 악기를 연주하기도 하고, 배우가 되어 연극에 심취할 수도 있다. 서로 가르치고 배우는 상호 호혜적인 '피어 티칭peer teaching'이 자연스럽게 공유되는 커뮤니티가 만들어지는 것이다.

피어 커뮤니티는 오프라인보다 온라인 중심으로 성장하고 있으며, 시간과 공간의 제약 없이 연결될 수 있다는 점에서 더욱 주목받는다. 이러한 다양한 분야의 모임을 찾고 참여할 수 있는 플랫폼으로 '플레이스', '밋업' 등이 있고, 달리기와 관련해서는 한강 러닝 크루를 찾을 수 있는 앱인 '러닝 메이트', 운동 기록을 관리하고 다른 사람들과 공유할 수 있는 앱 '스트라바', '아그레아블', 북 클럽에서 운영하는 '데일리 걷기 클럽' 등이 있다.

이러한 학습 플랫폼들은 단순한 강의를 제공하는 것을 넘어 커뮤니티 형성을 촉진하는 역할을 한다. 즉, 단순히 콘텐츠를 소비하는 것이 아니라, 비슷한 관심사를 가진 학습자들이 모여 토론하고 협력하며 지속적인 네트워킹을 형성하는 방식으로 발전하고 있다. 이를 통해 개인은 더욱 효과적으로 성장하고, 조직과 사회는 더욱 풍부한 지식 네트워크knowledge network를 구축할 수 있다.

커리어와 일하는 방식까지
바꾸는 커뮤니티

피어 커뮤니티peer community를 통한 네트워킹 방식은 다양한 사람들과 연결하고 소통하며 새로운 지식, 정보, 기회를 얻을 좋은 기회이다. 이 커뮤니티를 통해 전 세계 사람들과 연결되고 소통할 수 있으며, 다양한 문화와 관점을 경험할 수 있다. 단순히 정보를 공유하는 것 이상의 서로에 대한 신뢰를 바탕으로 조언하며 협력하는 쌍방향 소통이 이루어진다. 예를 들어 특정 분야나 주제에 대한 온라인 포럼 및 커뮤니티에 참여하여 전문가들과 교류할 수 있다. 또는 온라인 멘토링 프로그램, 온라인 강좌 및 워크숍, 온라인 콘퍼런스 및 미팅을 통해 자신에게 맞는 커뮤니티를 찾을 수 있다. 이를 기반으로 새로운 기술과 전문성을 개발하며 새로운 트렌드를 파악해 사회적 네트워크를 확대할 수 있다.

은수 씨는 중소기업에서 커리어를 시작했다. 은수 씨 회사의 사업 분야는 비교적 새로운 최신 기술을 기반으로 한 신생 산업이었다. 새로운 분야인 탓에 전체 시장 규모가 작았고, 대상 고객과 비슷한 일을 하는 유관 기업들도 국내에 몇 개 되지 않았다. 몇 년 정도 일을 하다 보니 업무와 관련해서 네트워킹할 수 있는 사람들은 한정되어 있었고, 그나마 대부분 경쟁 관계이다 보니 회사를 벗어나 편하게 지식과 경험을 교류할 기회가 거의 없었다.

은수 씨는 자신이 점점 우물 안 개구리가 되어 간다는 느낌이 들었다. 답답한 마음에 회사에서의 업무 분야와 직접 관련은 없었지만, 직장인이라면 누구나 관심을 가질 수 있는 학습 커뮤니티가 눈에 띄어 온라인으로 가입을 했다. 이 커뮤니티는 '업무 생산성 및 디지털 업무 도구'에 대한 다양한 지식과 경험을 나누는 모임이었는데 규모가 아주 크지는 않았지만 나름 이 분야에서 고수라고 불릴만한 사람들이 모여 있는 모임이었다.

은수 씨는 온라인과 오프라인 모임에 조금씩 참여하면서 사람들과 안면을 텄고, 관심 있는 업무 도구를 사용하며 관련 질문을 온라인 채널에 올리기도 했다. 이렇게 하다 보니 자신도 점차 커뮤니티의 다른 멤버들이 물어보는 질문에 대해 연구해 보고 답변을 해 줄 수 있는 수준에 이르게 되었다. 특히, 코로나 팬데믹이 터지면서 온라인 화상 도구를 비롯해 다양한 업무 도구들에 대한 관심이 높아졌다. 이로 인해 은수 씨가 잘 알고 사용하는 특정 도구 몇 가지에 대해서는 커뮤니티 내에서 비교적 고수 단계의 사람으로 인정받게 되었다.

Working together works well, with PlanB

플랜비디자인은 조직개발 및 인적자원개발 컨설팅을 제공할 뿐 아니라, HR전문 도서를 출판하고 있습니다. 개인과 조직이 함께 성장하고 더불어 살아갈 수 있는 조직을 디자인합니다. 모든 고객이 플랜비와 함께하는 과정에서 성장을 경험할 수 있도록 돕습니다.

조직의 문제는 언제나 급하고 복잡해 보입니다. 우리는 단순히 현상을 수습하기에 앞서 유기적인 시스템 안에서의 근원적인 문제가 무엇인지 치열하게 고민합니다. 당장의 급한 일들로 인해 놓쳐버린 진짜 문제를 찾고 지속 가능한 변화를 디자인합니다.

1. 컨설팅

플랜비디자인의 일은 고객과 고객사의 임직원의 입장을 깊게 공감하는 것에서부터 시작합니다. 진정으로 개인과 조직을 성장시키기 위해 꼭 필요한 질문을 시작으로 각 고객사의 조직 경험을 디자인합니다.

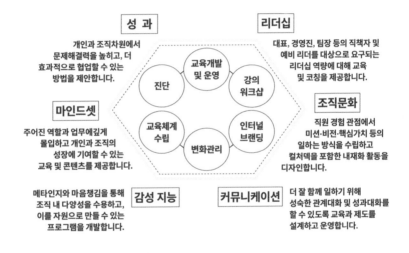

성 과
개인과 조직차원에서 문제해결력을 높이고, 더 효과적으로 협업할 수 있는 방법을 제안합니다.

리더십
대표, 경영진, 팀장 등의 직책자 및 예비 리더를 대상으로 요구되는 리더십 역량에 대해 교육 및 코칭을 제공합니다.

마인드셋
주어진 역할과 업무에 깊이 몰입하고 개인과 조직의 성장에 기여할 수 있는 교육 및 콘텐츠를 제공합니다.

교육개발 및 운영 / 강의 워크샵 / 진단 / 교육체계 수립 / 인터널 브랜딩 / 변화관리

조직문화
직원 경험 관점에서 미션·비전·핵심가치 등의 일하는 방식을 수립하고 컬처덱을 포함한 내재화 활동을 디자인합니다.

메타인지와 마음챙김을 통해 조직 내 다양성을 수용하고, 이를 자원으로 만들 수 있는 프로그램을 개발합니다.

감성 지능

커뮤니케이션

더 잘 함께 일하기 위해 성숙한 관계대화 및 성과대화를 할 수 있도록 교육과 제도를 설계하고 운영합니다.

2. HR 전문 도서 출판

다수의 HR전문가들과 함께 협업하며, 새로운 인사이트를 발굴하고, 출판합니다.
조직에서 도서를 더 잘 활용할 수 있게끔 다양한 활동을 지원합니다.

저자 및 도서를 연계한 특강 및 워크샵	조직의 학습문화를 위한 독서모임 퍼실리테이션
사내 도서관 큐레이션	'나인팀'을 통한 HRD(er)의 도서 공동 집필 프로젝트

은수 씨는 이후 더욱 동기 유발이 되어 퇴근 후 시간을 투자하기 시작했다. 자신이 잘 활용하는 툴킷Toolkit에 대한 자격증까지 취득했는데, 이는 커뮤니티 활동을 통해 높아진 자기 효능감과 남에게 자신의 지식과 정보를 공유해 주며 보람을 느꼈기 때문이다. 이런 과정을 인스타그램과 스레드, 블로그에 업로드 하다 보니 어느 순간 은수 씨에게 업무 생산성 도구에 대한 강의 요청이 들어오기 시작했다.

코로나 기간이었기 때문에 대부분의 강의가 온라인으로 진행되었고, 은수 씨는 직장생활을 하면서 저녁과 주말에 온라인 강의를 통해 적지 않은 강사료 수입까지 얻을 수 있었다.

이처럼 커뮤니티는 일터를 벗어난 개인적인 영역에만 머무르지 않고, 개인의 경력을 개발하고 개척하기 위한 통로의 역할까지 하고 있다. 단순히 취미나 관심사를 위한 활동에 그치는 것이 아닌 관심 분야 커뮤니티에서의 적극적인 활동이 직업으로까지 이어지는 경우도 드물지 않다. 이러한 분위기는 더 나아가 일터에서 일하는 방식에까지 영향을 미치고 있다.

갈수록 일터에서 조직 문화에 대한 관심과 강조가 커지고 있다. 사무실과 직장이라는 물리적 환경에 집중했던 과거의 일터와 달리 요즘에는 눈에 보이지 않는 분위기와 공동체 문화와 같은 심리적 요소들에 더 관심이 높아지고 있다. 최근 들어, 기업들이 '직원 경험Employee Experience'을 강조하는 분위기가 이런 경향을 대변한다고 할 수 있다. 조직 문화팀을 신설하기도 하고, 또 다른 기업들은 직원 경험을 담당하는 조직을 만들기도 한다. 예를 들어서 메타, 넷플릭스, 어도비는 인사팀 이름을 '탤런트Talent팀'으로 명명해서 인재 중심의 조직 문화에 대한 열정을 드러내고 있다. 국내에서는 '당근마켓'이 '피플팀'을 운영하여 조직 문화와 인재 관리를 담당하며, 수평적이고 자율적인 문화를 지향하고 있다. 이러한 경향에 대해 직장이 '일 공동체work community'로 진화하고 있다고 설명하기도 한다.◆

지금까지 살펴본 피어 커뮤니티에 대한 이야기는 인간이 다른 사람, 그리고 자신이 살아가는 세상과 관계 맺는 방식이 바뀌고 있다는 것을 보여준다. 하이데거Martin Heidegger(1889~1976)는 대격변의 시대를 '위기인 동시에 새로운 가능성의 시대'라고도 이야기했다. 그의 저서 『기술의 문제Die Frage nach der Technik』(1954)는 현대 기술 사회의 본질과 그에 따른 인간 존재의 변화를 탐구한 내용을 다뤘다. 그는 이 책을 통해 기술이 단순한 도구적 수단이 아니라, 인간과 세계의 관계를 근본적으로 변화시킨다고 주장했다. 대격변의 시대를 살아가는 우리에게 관계에 대한 정의가 달라져야 하는 시점이다.

◆ '회사는 점점 Work Community가 되어간다', 김도영
    (출처: https://brunch.co.kr/@moonkka/335)

관계 전환에도
전략이 필요하다

와튼 스쿨 심리학 교수 애덤 그랜트^{Adam Grant}는 저서 『기브 앤 테이크^{Give and Take}』에서 성공하는 사람들의 관계 전략을 분석하여 사람들을 '기버^{Givers}', '테이커^{Takers}', '매처^{Matchers}'로 분류한다. '기버'는 타인을 돕는 것을 우선시하는 사람들로 자신의 이익을 고려하지 않고, 다른 사람의 성공과 행복을 위해 기꺼이 시간과 자원을 투자하는 사람이다. '테이커'는 자신의 이익을 최우선으로 생각하는 사람들로 최대한 많은 것을 얻기 위해 행동하며, 필요할 때만 타인을 돕는다. '테이커'는 단기적으로 성공할 수 있지만, 시간이 지나면서 신뢰를 잃고 관계가 악화될 수 있다. '매처'는 테이커와 기버의 중간으로 주고받는 것을 균형 있게 유지하려는 사람들로 도움을 주면 그만큼 돌려받기를 기대하고, 받은 만큼 다시 갚으려 한다. 매처는 공정성을 중시하며, 상호 이익이 되는 관계를 지향하므로 평균적으로는 잘 나

기버, 테이커, 매처로 구성된 성공 피라미드

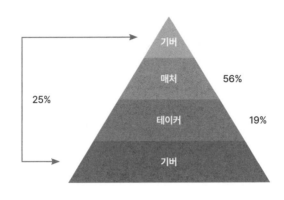

간다. 하지만 테이커들은 이들을 극도로 싫어한다. 테이커들은 기버들을 이용하여 초반에는 잘 나간다. 하지만 매처들과 다른 테이커들에 의해 평가를 받게 된다.

그랜트는 성공적인 사람들은 주로 '기버'라고 강조한다. 기버들은 이타적인 행동을 통해 다른 사람들의 성공을 도우며, 장기적으로 신뢰와 협력을 기반으로 관계를 구축한다. 이들은 단순히 받기 위해 주는 것이 아니라, 진정으로 다른 사람의 성공을 지원하고, 이를 통해 더 넓고 강력한 네트워크를 형성한다. 기버들은 사람들을 연결하고, 네트워크 내에서 지식과 기회를 공유하며, 협력적인 환경을 조성한다. 또한, 이들은 자신의 자원을 전략적으로 관리하여 지속 가능한 방식으로 도움을 제공한다.

전환

◆ **148**

성공하는 기버들은 주고받는 호혜적 관계를 구축하여, 시간이 지나면서 도움을 받은 사람들이 다시 그들에게 기여하는 선순환 구조를 만든다. 이러한 관계는 신뢰와 존경을 바탕으로 하며, 개인과 조직의 성과를 극대화한다. 하지만 어떤 기버들은 성과가 극단적으로 안 좋을 수도 있다. 그 차이는 어디에서 올까?

성공 피라미드의 가장 바닥에 있는 기버들은 주는 것에 도취되어 자신의 이득과 성과에 집중하지 못한다. 그런 이유로 테이커들은 이들을 노린다. 그렇기 때문에 테이커들을 상대하려면 전략이 필요하다.

기버가 성공할 수 있었던 것은 몇 가지 이유가 있다. 첫째, 오늘날에는 사람들이 서로 긴밀하게 연결되어 있기 때문이다. 이로 인해 인맥이 넓고 이타적이라는 평판을 얻은 사람이 높이 평가되는 경향이 커지고 있다. 둘째, 공동의 목적을 위해 팀을 구성하여 일하는 역량이 중요해지고 있기 때문이다. 팀으로 일할 때 자진해서 정보를 공유하고 남이 꺼리는 일을 맡아서 해주려는 기버가 있을 때 팀워크가 좋아지고 성공의 가능성이 커진다. 마지막으로 현대 사회는 서로가 서로에게 어떠한 서비스를 제공하는 상호 연관된 직업에 종사하는 비율이 높아지기 때문이다. 언젠가 나의 고객이 될 사람들에게 어떤 이익을 제공할지 생각하며 일하는 것이 성공의 가능성을 높인다.

이처럼『기브 앤 테이크』는 이타적인 행동이 장기적인 성공을 가능하게 하는 중요한 전략임을 강조하며, 진정성 있는 도움과 지속 가능한 관계 구축의 중요성을 잘 보여준다.

관계의 형태와 욕구를 변화시키는 기술의 발전

기술의 발전과 글로벌화는 관계의 형태와 욕구를 크게 변화시켰다. 예를 들어, 소셜 미디어와 같은 디지털 플랫폼은 물리적 거리에 상관없이 다양한 사람들과 연결될 수 있게 하여, 관계의 양과 질을 모두 변화시켰다. 과거의 관계는 주로 가족, 이웃, 지역 사회와 같은 제한된 범위 내에서 형성되었으나, 현대 사회에서는 전문적 네트워크, 온라인 커뮤니티 등 훨씬 넓은 범위에서 관계가 형성된다. 페이스북, 트위터, 링크드인과 같은 소셜 미디어 플랫폼은 사용자들이 다양한 사회적 연결을 유지하고 새로운 관계를 형성할 수 있는 공간을 제공한다. 그리고 사용자들은 이를 통해 개인적인 인맥을 넘어서 전문적이고 상호 이익이 되는 관계로 나아갈 수 있다. 이러한 변화는 사람들로 하여금 더 다양한 관계를 맺고, 다양한 정보와 자원을 교환할 수 있게 한다. 이는 개인의 성장과 기회 창출에도 큰 영향을 미친다.

또한, 현대인은 더욱 즉각적이고 자율적인 관계를 추구한다. 전통적인 계층적, 일방적 관계보다 평등하고 상호적인 관계를 선호하게 되었다. 예를 들어, 직장 내에서 상사와 부하 직원 간의 관계도 수평적인 커뮤니케이션과 협력을 중시하는 방향으로 변화하고 있다. 이러한 관계 욕구의 변화는 개인의 정체성과 자아실현에도 영향을 미친다. 사람들은 자신을 표현하고, 인정받고, 소속감을 느끼는 것을 중요하게 생각한다. 이는 사회적 네트워크의 확장과 다양한 인간관계의 형성을 통해 실현된다. 따라서, 시대를 읽는 눈이 바뀌면, 이에 맞추어 관계 욕구도 달라지며, 이는 개인의 삶의 질과 사회적 성공에 큰 영향을 미치게 된다. 관계의 변화와 그에 따른 욕구를 이해하고 적응하는 능력은 현대 사회에서 중요한 생존 전략이자 성공의 열쇠이다.

일과 관련해서도 기술의 발전은 업무적 관계의 형태와 방식을 바꾸고 있다. 디지털 혁명과 함께 하이브리드 업무 방식이 가능해지면서, 개인이 여러 직무를 동시에 수행하는 시대가 도래했다. 무엇보다 AI 기술과 디지털 도구의 발전은 개인의 생산성을 극대화하고 효율성을 높이는 데 중요한 역할을 하고 있다. 2024년 마이크로소프트와 링크드인의 업무 동향 지수 보고서Work Trend Index Annual Report에 의하면, 31개 국가의 3만 1,000명을 대상으로 한 설문 조사에서 응답자의 75%가 생성형 AI를 업무에 사용하고 있으며, 그중 46%는 최근 6개월 내에 AI를 도입했다고 대답했다.

생성형 AI 업무 활용도

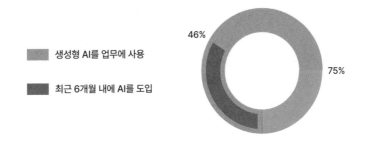

(출처: 2024 Work Trend Index Annual Report)

AI를 사용하는 주된 이유로는 시간 절약(90%), 더 중요한 업무 집중(85%), 창의력 발휘(84%), 업무의 즐거움(83%) 등을 언급했다. 또한, 76%의 사람들이 '취업 시장에서 경쟁력을 유지하기 위해서는 AI 기술이 필요하다'고 말했으며, 69%는 'AI가 더 빨리 승진하는 데 도움이 될 수 있다'고 응답했다. 훨씬 더 많은 사람은 'AI 기술이 취업 기회를 확장할 것'으로 예측하기도 했다. 이와 같은 추세는 모든 세대에 걸쳐 대부분의 직원이 회사에서 제공하지 않는 AI 도구나 상부의 지침이나 승인 없이 BYOAI^{Bring Your Own Artificial Intelligence} 방식(직원들이 자신만의 인공지능 도구를 직장에서 사용)으로 AI를 사용하고 있다는 사실을 입증한다.

그뿐만 아니라, 링크드인 회원들이 AI 기술을 포함한 IT 기술을

세대별로 회사에서 제공하지 않는 인공지능 도구를 사용하는 비율

Gen Z (18-28세)	Millennials (29-43세)	Gen X (44-57세)	Boomers+ (58세 이상)
85%	78%	76%	73%

(출처: 2024 Work Trend Index Annual Report)

개인 프로필에 추가하는 추세가 142배나 증가했다는 사실은 기술에 대한 수요가 얼마나 높아지고 있는지를 나타낸다. 이러한 트렌드는 기업과 개인이 새로운 기술을 적극적으로 도입하고 습득해야 함을 시사하며, 또한 기존 직업의 변화와 새로운 직업의 출현에 따라 업무 환경이 얼마나 빠르게 변화하고 있는지를 보여준다.

실제로 2024년 Linkedin's Jobs on the Rise(미국에서 가장 빠르게 성장하는 직종)의 68%는 20년 전에는 존재하지 않았던 직업들이 차지하고 있다. 이는 기술의 발전과 산업의 변화로 새로운 직업들이 계속해서 등장하고 있다는 것을 증명한다. 또한, 하이브리드 업무 환경으로 인해 기존의 직무 경계가 무너지거나 다양한 분야의 전문가들이 유기적으로 협력하고 혁신적인 아이디어를 공유할 수 있게 되었다.

예전에는 하나의 직무에 집중하는 것이 일반적이었지만, 이제는 직무의 경계를 넘어 한 사람이 다양한 분야에서 전문성을 발휘할 수 있다. 예를 들어, 마케팅 디렉터는 전략 수립 및 실행만 하는 것이 아니라 고객 데이터 분석, 소셜 미디어 관리, 콘텐츠 제작 등 다양한 역할을 동시에 수행할 수 있어야 한다. 동시에 작가, 디자이너의 역할을 담당해야 할 수도 있다. 이러한 변화는 조직을 넘어 개인이 더 큰 가치를 창출할 수 있게 한다. 결국 디지털 혁명과 AI 기술의 발전으로 변화된 업무적 관계는 개인이 여러 직무를 동시에 수행할 수 있는 시대를 열었을 뿐만 아니라 조직과 산업 전반에 긍정적인 영향을 끌어낸다.

CORE 모델 :
성공적인 관계 전환을 위한 코어 전략

현대 사회에서 개인과 조직의 성공은 관계의 질에 달려 있다. 관계는 정보 교환, 협력, 신뢰의 기반이 되며, 효과적으로 관리하려면 전략적 접근이 필요하다. 이를 위해 CORE 모델이 유용한 도구가 될 수 있다. CORE 모델은 '관계 심화^{Cultivate}', '외연 확장^{Outreach}', '역할 재정립^{Reposition}', '관계 참여^{Engagement}'로 구성된다.

첫 번째 전략인 '관계 심화^{Cultivate}'는 관계의 친밀도를 조정하고, 신뢰와 이해를 기반으로 기존의 관계를 더욱 깊고 의미 있게 만드는 것이다. 예를 들어, 조직 내에서 상사와 부하 직원 간의 관계가 단순한 지시와 수행의 관계에서 벗어나 멘토링과 코칭의 관계로 발전한다면, 이는 직원의 성과와 만족도를 크게 높일 수 있다. 이와 같이 관계를 심화함으로써 더 나은 협력과 커뮤니케이션이 가능해지고, 이

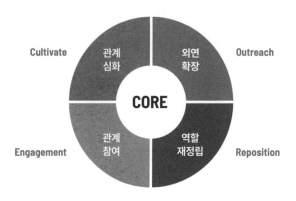

는 궁극적으로 조직 전체의 성과를 향상한다.

한 회사에서 3년째 근무 중인 정민 씨는 자신의 직속 상사와의 관계가 업무 지시와 결과 보고에만 그쳐, 직무 만족도가 떨어지고 있었다. 이를 개선하기 위해 상사에게 커피를 마시며 비공식적인 대화를 나누는 시간을 제안했다. 이 과정에서 정민 씨는 자신의 목표와 고민을 솔직하게 공유했고, 상사 역시 자신의 경력을 바탕으로 조언을 아끼지 않았다. 이러한 대화를 통해 상사와 정민 씨의 관계는 단순한 업무 관계에서 멘토-멘티 관계로 발전했다. 그 결과, 정민 씨는 더 많은 책임과 기회를 부여받았으며, 회사 내에서의 경력도 더욱 빠르게 성장할 수 있었다.

두 번째 전략인 '외연 확장Outreach'은 기존의 관계를 넘어 새로운 네트워크를 구축하고, 더 넓은 세상과의 연결을 의미한다. 글로벌화된 현대 사회에서 다른 분야나 문화권의 사람들과 네트워크를 확장함으로써 새로운 기회와 시각을 얻을 수 있기 때문이다. 예를 들어, 연구자가 국제 학술 대회에 참석하여 다양한 국가의 연구자들과 교류하게 되면 이는 공동 연구의 기회뿐만 아니라, 더 나은 연구 성과를 끌어낼 수 있는 영감과 자원을 얻을 수 있다. 이러한 외연 확장은 개인과 조직의 경쟁력을 높이고, 변화하는 시장에서의 성공 가능성을 크게 증가시킨다. 외연 확장은 새로운 자원과 기회를 끌어들이는 데 필수적이며, CORE 모델에서 관계 확장의 가능성을 극대화하는 전략이다.

스타트업을 운영 중인 승호 씨는 자신의 비즈니스를 글로벌 시장으로 확장하기 위해 새로운 네트워크를 구축해야 했다. 이를 위해 해외에서 열리는 여러 산업 관련 콘퍼런스에 적극적으로 참석하기 시작했다. 이 과정에서 그는 여러 국가의 비즈니스 리더들과 연결되었고, 그중 한 명과의 인연을 통해 해외 시장 진출을 위한 파트너십을 맺을 수 있었다. 이처럼 외연 확장을 통해 승호 씨는 새로운 시장에 진출할 기회를 얻게 되었으며, 이는 회사 성장에 중요한 기폭제가 되었다.

관계 전환을 위한 팁

모든 관계를 심화시킬 필요는 없다. 나의 에너지를 소진하는 사람과의 관계는 매우 복잡하고, 잘못 관리하면 심리적, 정서적 건강에 나쁜 영향을 미칠 수도 있기 때문이다. 따라서 다음과 같은 접근방법이 필요하다.

1. **관계의 본질을 평가하기:** 내가 느끼는 상대의 특정한 행동이나 태도 및 관계의 불편함의 근본 원인 파악

2. **명확한 경계 설정하기:** 업무 시간 외의 연락을 제한하거나, 특정 주제에 대한 대화를 피하는 등의 경계를 설정

3. **의사소통 개선하기:** 나의 불편함을 상대방이 이해할 수 있는 방식으로 전달하여 관계의 질을 개선

4. **관계의 우선순위 재조정하기:** 불편한 상대가 꼭 필요하지 않은 관계라면 우선순위에서 뒤로 미루어 최소한의 관계를 유지하고, 꼭 필요한 관계라면 스스로를 보호할 수 있는 전략 설정

세 번째 전략인 '역할 재정립^{Reposition}'은 관계 내에서의 자신의 역할을 새롭게 정의하고, 자신의 역할을 변화시키는 과정이다. 예를 들어, 한 기업에서 관리자가 단순히 지시하는 역할에서 벗어나 팀원들을 코칭하고 이끌어주는 역할로 전환한다면, 이는 팀의 성과를 크게 향상할 수 있다. 이러한 역할 재정립은 관계의 질을 개선할 뿐만 아니라, 조직 내에서 새로운 리더십 모델을 창출하고, 더 나은 협력 환경을 조성하는 데 기여한다.

대학에서 연구 조교로 일하던 수미 씨는 단순히 교수의 업무를 보조하는 역할에서 벗어나, 독립적인 연구자로 자리매김하고 싶었다. 이를 위해 그는 연구 프로젝트에서 주도적인 역할을 맡기 시작했고, 자신의 연구 아이디어를 교수에게 적극적으로 제안했다. 처음에는 부담을 느끼던 교수도 수미 씨의 열정과 능력을 인정하게 되었고, 결국 수미 씨는 해당 프로젝트의 공동 연구자 역할을 할 수 있게 되었다. 수미 씨는 이러한 역할 재정립을 통해 연구자로서의 커리어를 빠르게 발전시킬 수 있었으며, 자신의 연구 업적을 쌓아 나가는 데 중요한 기반을 마련했다.

마지막으로, '관계 참여^{Engagement}'는 단순한 거래적 관계를 넘어 깊이 있는 참여와 협력을 통해 관계를 발전시키는 전략이다. 예를 들어, 오픈 소스 프로젝트에 자발적으로 참여하는 개발자는 글로벌 커뮤니티와의 협력 속에서 자신의 역량을 더욱 발전시키고 커리어를 확장할 기회를 얻을 수 있다. 이는 개인의 전문성을 높이는 동시에, 커뮤니티 내에서의 위상을 강화할 수 있는 중요한 전략이다.

> 프리랜서 디자이너 은영 씨는 프로젝트를 통해 새로운 클라이언트를 만났다. 그는 단순히 작업 요청을 받는 것에 그치지 않고, 클라이언트의 비즈니스 목표와 비전을 이해하려 노력했다. 또한, 프로젝트와 관련된 다양한 아이디어를 제공하며, 클라이언트와의 협력에 깊이 참여했다. 이로 인해 클라이언트는 은영 씨를 단순한 외부 협력자가 아닌, 비즈니스 파트너로 인식하게 되었고, 이후 지속적인 프로젝트 의뢰와 더불어 장기적인 계약을 체결하게 되었다. 이처럼 관계 참여를 통해 은영 씨는 자신의 고객 네트워크를 확장하고, 안정적인 수입원과 경력을 쌓아 나갈 수 있었다.

CORE 모델에 기반한 이 네 가지 관계 전환 전략은 각기 다른 상황에서 활용될 수 있으며, 이를 통해 개인과 조직은 더 유연하고 효과적으로 관계를 관리하고 발전시킬 수 있다.

지금처럼 빠르게 변화하는 환경에서는 관계의 중요성이 더욱 커지고 있으며, 이에 맞춰 관계를 전략적으로 전환하고 강화하는 것이 필수적이다. 관계 심화, 외연 확장, 역할 재정립 그리고 관계 참여라는 네 가지 전략적 접근은 개인과 조직이 변화에 적응하고, 지속적인 성장을 끌어내는 강력한 도구가 될 것이다. 이 전략들을 적절하게 선택하고 조합함으로써, 관계의 질을 높이고, 더 나은 성과와 성공을 달성할 수 있을 것이다.

1. 현재의 관계 평가를 위한 점검

- 현재 자신에게 가장 중요한 관계는 무엇인가?

  (개인적인 측면과 업무적인 측면을 각각 작성, 앞에서 제시한 113페이지에 있는 '관계 자본 지수(level I~IV)' 리스트를 활용해도 됩니다)

  _____

  _____

- 이 관계들에서 상호 신뢰와 지원의 수준은 어떤가?

  (위에서 언급된 관계들에 대해 각각 체크)

  ☐ 매우 높음　 ☐ 높음　 ☐ 보통　 ☐ 낮음　 ☐ 매우 낮음

- 현재 관계에서 겪고 있는 주요 문제는 무엇인가?

  _____

  _____

2. 피어 커뮤니티 기반 네트워크 다양성을 위한 점검

- 현재 피어 커뮤니티 네트워크 내 다양한 배경과 전문성을 가진 사람들과 얼마나 자주 교류하는가?

  ☐ 거의 매일　　 ☐ 매주 1회 이상　　 ☐ 매월 1회 이상

  ☐ 분기 1회 이상　 ☐ 연 1회 이하

- 피어 커뮤니티 네트워크를 통해 유용하고 다양한 의견과 아이디어를 수집하는가?

  ☐ 매우 그렇다 ☐ 그렇다 ☐ 보통 ☐ 그렇지 않다 ☐ 전혀 그렇지 않다

- 네트워크 내에서 정보 및 자원 공유가 효과적이고 활발하게 이루어지고 있는가?

  ☐ 매우 그렇다 ☐ 그렇다 ☐ 보통 ☐ 그렇지 않다 ☐ 전혀 그렇지 않다

3. 혁신과 협력을 위한 점검

- 네트워크를 통해 새로운 아이디어나 혁신적인 솔루션을 얼마나 자주 얻고 있는가?

  ☐ 거의 매일   ☐ 매주 1회 이상   ☐ 매월 1회 이상

  ☐ 분기 1회 이상   ☐ 연 1회 이하

- 내가 속한 네트워크에서 혁신과 협력을 위한 후속 활동들이 이루어지지 않았다면 그런 활동들이 일어날 수 있기 위한 개선 아이디어를 생각해 보자.

  (예시: 매달 둘째 주 토요일 오전 8시부터 12시까지 진행되는 독서 토론 모임에서 얻은 인사이트를 현 업무에서 수요일까지 한 가지 적용해 보기)

  _____

  _____

4. 종합 점검 및 계획

▪ 현재 자신의 관계 전환 상태는 어떠한가?

☐ 매우 잘하고 있음 ☐ 잘하고 있음 ☐ 보통

☐ 못하고 있음   ☐ 매우 못하고 있음

▪ 다음 단계로 내가 할 수 있는 일들 계획하기

① 목표

(예: 네트워크 내 다양한 배경과 전문성을 가진 사람들과의 관계를 강화
하여 혁신적인 아이디어를 더 자주 얻기)

_____

_____

② 행동 계획

(예: [1단계] : 내가 소속된 커뮤니티 네트워킹 이벤트 검색 및 스케줄 등록,
[2단계] : 3개월마다 있는 정기적인 오프라인 모임 참가)

_____

_____

도구
전환

도구 전환 점검 질문

1. 새로운 도구를 익히는 데 흥미를 느낀다.
   ☐ yes   ☐ no

2. 도구를 사용하며 업무의 생산성이 증대된다.
   ☐ yes   ☐ no

3. 최적의 결과를 도출해 내는 도구를 알고 있다.
   ☐ yes   ☐ no

4. 최근에 학습한 디지털 도구가 적어도 2개 이상이다.
   ☐ yes   ☐ no

5. 디지털 도구 활용 시 두려움이 없다.
   ☐ yes   ☐ no

새로운 도구의 출현,
두려움을 버려라

출산 후 복직에 고민이 많은 정원 씨. 회사에서 기업교육을 맡아 강사로 근무하는 그녀의 고민은 다름 아닌 코로나로 인한 교육 형태의 변화이다. 출산 전에는 대면하여 진행하는 교육이 대부분이었는데, 코로나로 인해 어느새 전체 과정이 비대면 교육으로 진행되다 보니 어디부터 손을 대야 할지 막막하다. 그래서 정원 씨는 비대면 교육 프로그램 기획과 운영 전반을 강의하는 프로그램을 수강하기로 한다. 학습 후에는 ZOOM 등 온라인 강의를 위한 도구의 설치부터 고급기능까지 학습자가 아닌 강사 모드로 전환하여 다시 연습에 연습을 거듭한다. 예상치 못한 돌발 상황도 체크해 보려 동료들과 시뮬레이션을 시행한다. 긴장과 두려움이 앞서고 실수하지 않을까 땀으로 범벅이 되었던 시간들이다. 지금은 비대면 교육이나 회의뿐 아니라 지구 반대편의 동료와도 비대면으로 미팅을 하며 편하게 활용하고 있다. 지금 생각하면 뭐가 그렇게 무서워서 걱정과 두려움이 가득했을까 그저 우스울 뿐이다.

1879년 토머스 에디슨이 발명한 백열전구가 우리나라에 처음 들어와 왕의 침실인 경복궁 건청궁에 점등된 게 그로부터 8년 후인 1887년의 일이다. 지금부터 약 140년 전, 신기한 불이라서 '묘화妙火'라고 불리던 전구의 도입은 어쩌면 두려움보다는 호기심이었는지도 모르겠다.

그 후 150년도 채 지나지 않은 현재 우리는 무려 인공지능Artificial Intelligence에 의한 기술로 산업과 의료, 교육, 예술, 경제, 복지, 여가의 획기적인 발전 속에 살아가고 있다. 업무 환경에도 새로운 도구들은 계속해서 생겨나고 있으며, 그런 도구들은 효율의 목적으로 생산되는 것이기 때문에 그것들을 배우고 익혀서 활용하는 것은 어찌 보면 오히려 편리하고 유용한 진화에 가깝다고 할 수 있다. 물론 누군가는 처음 접하는 도구도 눈 깜짝할 새 활용해 삶의 질을 향상하고 업무의 효율을 높이기도 한다. 또 다른 누군가는 새로운 도구에 적응하지 못하고 그것을 익히느라 오히려 시간과 에너지를 쏟게 되기도 할 것이다. 모든 것이 처음 접하는 도구가 될 수 있을 것이고, 모든 것이 언젠가는 지나간 도구가 되기도 한다. 새로운 도구는 누구에게나 처음이다. 그러니 두려워하지 말고 접해 보자. 그런 뒤에 활용 여부를 결정해도 결코 늦지 않다.

인류의 역사는 도구의 역사다

아시아 미래인재연구소장 최윤식 박사는 그의 책 『메타 도구의 시대』에서 인간의 미래를 바꾼 것은 바로 '도구'였다고 말한다. 처음 사용한 도구는 짐승을 사냥할 수 있는 '뾰족한 돌멩이'였을 것이고, 이 보잘것없는 돌멩이가 역사를 바꾸는, 엄청난 변화를 일으킨 것이다. 인류의 역사는 곧 도구의 역사이다. 도구의 중요성을 간과해서는 안 된다. 인류는 끊임없이 도구를 발전시키며 더 나은 도구를 획득한 개인과 집단은 경쟁에서 우위를 점하고 살아남았다. 이미 익숙한 도구만으로는 충분하지 않다. 강력한 기능과 파괴력을 갖춘 새로운 도구가 탄생할 때 번거롭더라도 이를 받아들이고 익혀야 한다. 도구의 전환에 실패하거나 너무 늦으면 도태되거나 소멸될 위험이 있다.

초기 인류의 사냥꾼을 떠올려보자. 이들은 해가 지기 전에 동물을 사냥해 집으로 돌아가는 것이 임무였다. 하지만 인간보다 힘이 약한 동물은 드물었고, 느린 동물도 거의 없었다. 사나운 맹수를 잡거나 높은 곳에 있는 새를 잡는 것은 거의 불가능했다. 심지어 작은 토끼조차도 빠르게 도망치기 때문에 사냥이 어려웠다. 인류는 지능이 높았지만, 그것이 사냥에서는 큰 도움이 되지 않았다. 그러니 사냥에 실패하는 날이 많을 수밖에 없었다.

그러던 어느 날, 한 사냥꾼은 돌멩이를 손에 쥐게 되었다. 힘차게 돌멩이를 던지면 직접 달리는 것보다 빠르게 날아가 작은 동물에게 큰 충격을 줄 수 있음을 알게 되었다. 그는 돌멩이로 토끼를 사냥하기 시작했다. 처음에는 잘 맞추지 못했지만, 반복하다 보니 점점 돌멩이를 던지는 일에 익숙해졌다. 결국 그는 능숙한 토끼 전문 사냥꾼이 되었다. '돌멩이'라는 도구를 새롭게 익힌 덕분에 사냥꾼으로서의 삶을 지속할 수 있었다. 도구는 '토끼보다 느린 다리'라는 그의 신체적 한계를 극복하게 해주었다.

이제 사냥꾼은 나무와 돌을 결합해 '돌도끼'라는 새로운 도구를 만들었다. 돌멩이는 한 번 던지면 사라지지만, 돌도끼는 반복해서 사용할 수 있었다. 맹수들과의 싸움에서도 돌도끼를 활용하면 이길 가능성이 높아졌다. 돌도끼가 보급되면서 사냥할 수 있는 동물의 수는 급격히 늘어났다. 여러 부족은 돌도끼를 만들기 시작했고, 인류의 수렵 생활은 더욱 강력하고 풍족해졌다. 이 시기를 우리는 '석기 시대'라 부른다.

'불'이라는 도구를 활용하면서 인류는 구리와 철을 녹여 도구를 만드는 청동기, 철기 시대로 진입했다. 토기를 굽고 농기구도 새롭게 만들어 사용하면서 유목 생활을 청산하고 특정 지역에 정착하여 농사를 짓게 되었다. 이는 '농경시대의 탄생'을 의미한다.

'문자'라는 도구를 발명한 이후, 인류는 '문명의 시대'로 진입했다.

이후에도 수많은 새로운 도구를 만들어 내며 개인들의 삶을 변화시켰다. 인류의 역사는 이러한 도구의 발전을 커다란 전환점으로 기록하고 있다.

도구는 생활을 편리하게 만들고 삶의 질을 향상해 효율을 높여준다. 그래서 인간은 스스로를 위해 꾸준히 도구를 빚어왔다. 그런데 과거와 다르게 지금의 도구는 때와 장소를 가리지 않으며 그 규모와 파급력은 상상을 초월한다. 우리는 이러한 도구의 발전을 통해 계속해서 새로운 가능성을 탐색하고 있다. 이러한 도구들은 우리가 기존의 한계를 넘어 새로운 가능성을 탐색하게 해 준다.

도구의 전환은 인류의 진보와 변화를 이끄는 중요한 요소이며, 이를 통해 우리는 더 나은 미래를 구축할 수 있다. 따라서 우리는 변화하는 환경에 맞추어 새로운 도구를 받아들이고 익혀야 한다.

전문가는 저마다의
도구를 가지고 있다

전 세계적으로 뜨거운 관심과 사랑을 받았던 영화 '어벤져스 시리즈'에는 흥미로운 이야기를 만들어 내는 다양한 히어로들이 등장한다. 이 히어로들의 강인함을 뒷받침해 주는 무기는 각자의 강점을 돋보이게 하며, 특유의 캐릭터로 활약하는 데 일조한다. 영화 속 히어로들을 강인하게 만들어주는 무기처럼, 현실에서도 각자의 영역에서 '전문가'로 성장한 사람들은 그들만의 무기를 보유하고 있다.

실제 현대인의 삶도 별반 다르지 않다. 어떤 도구를 능숙하게 활용할 수 있다면 전문가로 인정받고 대접받기도 한다. 전문가들은 자신의 직업에 맞는 도구를 능수능란하게 사용한다. 목수는 망치를 사용하는 데 능하고, 요리사는 칼을 능숙하게 다룬다. 같은 물건이라도 누가 사용하느냐에 따라 전문가의 도구로 진화하고 거듭날 수 있는 것이다.

"참 쉽죠?" 이 대사를 보고 생각나는 사람이 있는가? '밥 아저씨' 라는 친근한 이름으로 한국에 알려진 미국의 화가 밥 로스Bob Ross는 1983년부터 1994년까지 〈The Joy of Painting〉이라는 프로그램을 통해 많은 이에게 '풍경화 쉽게 그리는 법'을 알려주었다. 오일파스텔 물감을 사용하여 마르지 않은 물감 위에 바로 다른 색을 덧칠하는 방식인 습식 기법Wet-on-wet technique을 주로 사용하였다. 그의 도구는 팔레트 나이프, 큰 브러시, 펜 브러시, 스크립트 라이너 브러시로, 작은 나이프와 몇 개의 붓들이 그림 도구의 전부였다. 특별할 것도 없는 그 도구들로 멋진 풍경화를 뚝딱 그려내는 밥 아저씨를 보고 있노라면 모두 마치 마술이라도 보는 듯 탄성을 질러댔다. 물론 그 영상을 따라 해 본 사람은 알겠지만, 쉽게 한다고 쉬운 일이 아니다. 시인 하상욱 씨는 저서 『힘낼지 말지는 내가 결정해』에서 "남이 하는 일들이 쉬워 보인다면 그 사람이 잘하고 있기 때문이다"라는 명언을 남겼다. 일반적인 도구이지만 누가, 어떻게 사용하느냐에 따라서 결과가 특별해질 수 있다.

모두가 사용할 수 있는 도구라도 어떻게 활용하느냐에 따라 전문가만의 강력한 무기가 된다. 좋은 도구는 어려운 작업을 더 쉽고 빠르게 효과적으로 수행하도록 돕는다. 소위 '전문가'라고 불리는 사람들은 우리가 어려워하는 일을 쉽게 해 주고, 더 빠르게 수행해 내며, 더 잘 해낸다. 그리고 그에 대한 대가를 받는다. 전문가는 최소한 하나 이상의 분야에 대한 일을 수행하는 데 꼭 필요한 자신만의 도구를 이미 갖추고 있다. 당신이 전문성을 갖추길 원한다면, 해당 분야의 도구를 구비하는 것이 전문가로서의 첫걸음이 될 수 있을 것이다. 나만의 도구를 활용하는 것이 최소한의 경쟁력을 갖추는 것이다.

도구도 끝없는 변화와 발전을 통해 전환된다

아마존^{Amazon}은 증강현실 쇼핑 도구인 'Room Decorator'를 통해 가구와 기타 홈 데코 제품을 가상 공간에서 실제로 배치해 볼 수 있도록 했다. 이뿐 아니라 색조 화장을 해 보거나 패션 안경을 써보는 것, 멀리 떨어진 곳에 위치한 부동산을 살펴보는 일도 가능하다. 발품을 팔아 쇼핑한다는 것은 이제 옛말이다.

새로운 도구는 기존의 전문성을 무너뜨리기도 하며, 기존에 전문적인 직업이라고 불리던 일자리를 없애기도 한다. 과거에는 숫자를 쉽고 빠르게 계산하기 위해 '주판'이라는 도구를 사용했다. 수백 년 동안 주판은 최고의 계산 도구로 인정받았다. 이보다 더 나은 도구는 없다고 믿는 사람들이 대부분이었다. 그러나 어느 순간 전자계산기가 등장했고, 이후에는 개인용 컴퓨터가 보급되었다. 이제는 주판 대신 전자계산기나 엑셀 같은 스프레드시트 프로그램을 활용하여 더 복잡한 계산과 기록이 가능하다. 컴퓨터가 거의 보급되지 않았던 시절, 개인용 컴퓨터를 활용할 수 있는 사람들은 취업에서 큰 경쟁력을 가질 수 있었다. 주판을 활용하는 법을 배우고 익힌 사람들은 '컴퓨터'라는 새로운 도구를 익힌 이들에게 일자리를 내어주어야만 했다.

도구의 변화는 단순히 기술의 발전을 넘어 개인과 조직이 어떻게 적응하고 성장하는지를 결정짓는 중요한 요소다. 따라서, 미래의 커리어를 준비하기 위해서는 현재의 도구를 넘어 새로운 도구를 익히고 활용하는 능력을 갖추는 것이 필수적이다. 이는 개인의 경쟁력을 유지하고, 변화하는 환경에 유연하게 대응할 수 있게 해 준다.

도구 전환

새로운 도구가
다가오고 있다

"변화와 진보는 우리가 새로운 도구를 배우고 익히게 한다. 이는 우리의
삶을 풍요롭게 하고, 우리의 업무를 더 효율적으로 만든다."

— 벤자민 프랭클린

IT 서비스팀에는 엑셀과 한글만 있으면 웬만한 업무는 전부 해결할 수
있는 16년 차 '엑셀의 신' 심 부장이 있다. 일 처리가 빠르고 꼼꼼하기로
유명한 심 부장은 어느 날 팀원들과 커피를 마시며 이야기를 나누던 중
흥분하며 말하는 김 대리의 대화 내용에 신경이 쓰였다.

"정 과장님, 이번에 AI 도구로 데이터 분석을 해 봤는데요, 진짜 대박
이에요! 단순 반복 작업이 거의 필요 없어서 시간 엄청 절약했어요. 심
부장님도 한번 써보시면 좋을 것 같은데요? 진짜 편리합니다!"

심 부장은 평소처럼 고개를 끄덕이며 "그런가 보네."라고 했지만 살짝

불편한 기색이 느껴졌다. 최근 문서 자동 생성, 데이터 분석, 일정 관리까지 모든 것을 한 번에 해결할 수 있는 AI 도구 활용이 팀원들 사이에 빠르게 퍼지면서 젊은 직원들이 새로운 도구로 효율성을 높이는 걸 보며 스스로 그 흐름에서 뒤처지고 있다는 생각이 마음 한구석에 생겼기 때문이다.

며칠 후, 퇴근해 집에 돌아온 심 부장은 딸이 수행평가 발표 자료를 준비하는 모습을 보게 됐다. 딸은 컴퓨터 앞에서 빠르게 작업을 끝낸 뒤 핸드폰으로 친구와 수다를 떨고 있었다.

"발표 자료 벌써 다 했어?"

"이런 데 시간 쓰는 거 아까워. 챗GPT로 자료 정리하고 AI 툴로 디자인하면 되는데 당연하지."

심 부장은 깜짝 놀랐다. 딸이 이렇게 쉽고 빠르게 일을 끝내는 걸 보니, 회사에서 AI 도구를 사용하는 것이 전혀 특별한 일이 아니라는 생각이 든 것이다.

'중학생 딸도 이 정도로 쉽게 하는데, 내가 너무 고집부리고 있는 건 아닐까?'라는 생각이 문득 떠올랐다. 그 주말, 심 부장은 평소처럼 업무 정리를 하다 딸이 말했던 AI 도구가 떠올랐다.

'한번 써볼까?' 심 부장은 업무용 PC를 켜고, 팀 내에서 사용하는 AI 도구를 설치했다. 처음에는 조금 어색하고 복잡해 보였지만, 막상 해보니 생각보다 간단했다. 데이터를 입력하자 자동으로 그래프가 생성되고, 그동안 수동으로 하던 작업들이 일순간에 처리되었다.

'이렇게 간단하게도 되는구나….'

심 부장은 그날 이후로 주말마다 조금씩 AI 도구를 사용해 보기 시작했다. 처음엔 어색하고 느렸지만, 점점 익숙해지면서 도구의 효율성을 느끼게 되었고, 이제는 업무 시간에도 가끔 사용하며, 기존 방식과 비교해 보기도 한다.

20세기만 보더라도, 전통적인 업무 도구들은 디지털 기술의 발전으로 인해 빠르게 대체되었다. 펜과 종이로 작업하던 시대에서 전화기와 팩스로 이어졌고, 이제는 거의 모든 업무가 컴퓨터와 모바일 기기에서 이루어진다. 이 과정에서 필기구, 문서 작성, 통신 수단 등 다양한 분야에서 혁신이 일어났고 현대인은 그 변화를 직접 경험하고 있다.

디지털 전환의 필요성에 저항하는 사람들을 이제는 찾기 어렵다. 디지털 전환의 거대한 물결 속에서 사무실의 PC뿐만 아니라, 손 안의 컴퓨터인 스마트폰이 등장했다. 다양한 앱과 툴이 개발되면서 스마트폰과 태블릿으로도 업무를 원활하게 처리할 수 있는 환경이 조성되었다. 자연스럽게 클라우드 기반의 업무 도구와 모바일 업무 도구가 시간과 장소에 구애받지 않고 실시간으로 개인과 업무 현장을 연결하고 있다. 결국 새로운 도구들은 우리의 작업 방식을 혁신하고 있다. 클라우드 컴퓨팅은 어디서나 협업을 가능하게 하고, 인공지능은 데이터를 분석하여 더 나은 의사결정을 돕는다. 원격 근무 도구는 물리적 거리를 극복하며 전 세계에서 협업을 가능하게 한다. 최근에는 AI 기반 디지털 어시스턴트와 데이터 분석 도구의 활용이 확대되고 있다.

예를 들어, GPT-4o와 같은 대화형 AI 도구는 작문, 번역, 데이터 분석 등 복잡한 업무를 지원하고 파이썬, R, 태블로 같은 데이터 분석 도구들은 방대한 데이터에서 인사이트를 쉽게 찾아낼 수 있도록 돕는다. 여기에 더해, 메타버스와 같은 차세대 기술이 상용화되면서 가상 오피스, 원격 협업, 교육 등 현실을 뛰어넘는 새로운 업무 환경이 만들어지고 있다.

'도구 전환 능력'은 단순히 새로운 소프트웨어를 사용하는 것 이상의 의미를 가진다. 이는 새로운 도구가 가져오는 변화를 이해하고, 그 변화를 바탕으로 새로운 전략을 유용하게 적용하는 능력을 포함한다. 지금의 변화는 선택이 아닌 필수이다. 새로운 도구가 다가오고 있으며, 이를 어떻게 받아들이고 활용하느냐가 우리의 미래를 결정할 것이다.

디지털 도구, 함께 일하기 위한 필수 조건이 되다

앞서 심 부장의 일화처럼 익숙한 방식을 벗어나 새로운 것을 시도하는 건 낯설다. 그러나 변화는 그 익숙함을 벗어나는 과정일 뿐 그 속에는 더 나은 기회와 성장이 기다리고 있다. 이미 시대는 스마트해졌고, 지금보다 더 빠르게 변화할 것이라는 점은 명백하다. 이런 복잡하고 빠르게 변화하는 시대에서 도구는 필수 동반자이다.

디지털 도구 선택의 중요성은 단순히 개인의 편리함을 넘어선다. 이 도구들은 협업의 기본 틀이 되기 때문에, 조직 내 모든 구성원이 효율적으로 사용할 수 있는 것이 중요하다. 특히, 디지털 도구는 혼자 쓰는 경우보다 팀 전체가 함께 사용하는 경우가 대부분이므로, 선택의 기준이 더욱 중요하다.

그렇다면 팀 전체가 사용하기에 적합한 협업 도구를 선택할 때 어떤 기준을 적용해야 할까?

첫째, 직관적이고 사용자 친화적인 인터페이스를 제공해야 한다. 이는 팀원들이 빠르게 도구에 적응할 수 있도록 돕기 때문이다. 만약 도구 사용법을 익히는 데 많은 시간이 걸린다면, 그 자체가 업무의 비효율성을 초래할 수 있다. 화면을 보고도 설명이 필요하거나, 설명을 들어도 이해하기 어려운 경우가 생기지 않도록 해야 한다.

둘째, 협업 툴로서의 필수 기능을 제공해야 한다. 실시간 협업과 커뮤니케이션을 지원하는 기능들은 필수적이다. 예를 들어, 슬랙Slack 과 같은 도구는 실시간 메시징, 파일 공유, 프로젝트 관리 기능을 제공해 전 세계적으로 널리 사용되는 협업 도구로 자리 잡았다. 팀원들이 한곳에서 모든 커뮤니케이션과 자료를 공유할 수 있도록 돕는 이러한 기능들은 이제 협업 도구의 기본이라 할 수 있다.

셋째, 다른 도구와의 통합이 용이해야 한다. 디지털 도구는 독립적으로 사용되기보다는 다양한 다른 도구들과 연동되어 활용되는 경우가 많다. 예를 들어, 트렐로^{Trello}나 아사나^{Asana} 같은 프로젝트 관리 도구는 구글 드라이브$^{Google\ Drive}$나 드롭박스^{Dropbox}와 같은 파일 저장 서비스와 쉽게 연동되어, 작업의 흐름을 방해하지 않고 자연스럽게 이어질 수 있다. 이러한 통합성은 디지털 도구가 효율성과 생산성을 극대화할 수 있도록 돕는다.

디지털 도구 선택 시, 가장 중요한 것은 조직의 상황과 요구사항을 명확히 파악하는 것이다. 한 국내 대기업은 협업 도구를 선택할 때 구성원의 대다수가 원격 근무 중이라는 점을 고려했다. 그 결과, 실시간 소통이 원활한 도구와 작업 내용이 명확하게 기록되는 프로젝트 관리 도구를 결합해 사용하는 것을 업무 방침으로 결정했다. 이 선택 덕분에 협업 효율이 30% 이상 향상되었고, 프로젝트 완료 시간도 평균 20% 단축되었다. 이는 디지털 도구가 조직의 니즈에 맞게 잘 선택되었을 때 어떤 성과를 가져올 수 있는지를 보여 준다.

디지털 도구 선택을 체계적으로 접근하는 것이 중요한 이유는 바로 여기에 있다. 자신이 해야 할 작업과 협력의 방식, 필요한 필수 기능을 명확히 한 후, 여러 도구를 탐색하고 비교해야 한다. 각 도구의 기능, 사용성, 비용 등을 꼼꼼히 살펴보는 것은 물론, 무료 체험판을 사용해 보거나 사용자 리뷰를 참고하는 것도 큰 도움이 된다. 이렇게 비교 평가를 통해 가장 적합한 도구를 선택하고, 그 도구를 적극적으로 활용하며 지속적으로 학습하고 피드백을 수용해야 한다.

미래의 성공은 우리가 얼마나 효과적으로 변화에 적응하고 새로운 도구를 활용하느냐에 달려 있다. 디지털 전환의 필요성을 더 이상 무시할 수 없는 시대에서, 우리는 더욱 전략적이고 유연한 접근을 통해 새로운 도구들을 수용해야 할 것이다.

"미래의 문맹자는 글을 읽고 쓸 줄 모르는 사람이 아니라, 배울 수 없거나 기존의 배움을 잊고 다시 배우지 않는 사람일 것이다."

앨빈 토플러의 이 말은 경고일 뿐만 아니라 직면한 현실의 반영이다.

새로운 도구,
비용과 편익을 고려해야 한다

프리랜서 개발자로 일하는 강현수 씨는 7급 공무원으로 5년 동안 시청에서 근무하다 2년 전 퇴사한 뒤 서버 프로그래머 일을 시작했다. 이 일을 하기 위해 꽤 오랜 시간 준비하고 투자했기 때문에 나름 자신이 있었다. 서버 프로그래머로 다양한 프로젝트에 참여하고, 성공적으로 마무리할 때마다 성취감도 컸고, 소속 없이 혼자서도 충분히 해나갈 수 있다는 확신이 들어 만족하게 되었다. 그런데 시간이 흐를수록 불안감이 싹트며, '아직 갈 길이 멀다'는 생각을 하게 됐다. 다양한 교육을 수강하고 관련 업계 고수들의 강연을 들으며 자신에게 부족한 부분이 여전히 많다는 걸 느꼈기 때문이다. 특히, 전문가들이 사용하는 프로그램을 접할 때마다, '저 프로그램을 사용하면 전문성이 향상되지 않을까?'라는 생각에 관심을 생겼고, 이에 다양한 프로그램을 구독하기 시작했다.

처음에는 몇 가지 프로그램만 구독했지만, 시간이 지나면서 점점 더 많은 프로그램이 추가되었다. 문제는 구독한 프로그램 수는 늘어갔지만 실상 제대로 사용하는 것은 몇 개 되지 않아 매달 빠져나가는 구독료에 대한 부담감만 커졌다.

'돈만 나가고 실속 없는 거 아닌가?'

명색이 개발자인데 새로운 프로그램이나 채널은 꿰고 있어야 하는 건 아닌가, 하는 압박감이 커지면 커질수록 지출 부담은 가중됐다.

인터넷에 개발자 커뮤니티를 찾아보니, 비슷한 고민을 하는 사람들이 많았다. 그중 가장 많은 조언은 '자신이 자주 사용하는 몇 가지 핵심 도구에 집중하여 가장 필요한 도구를 선별하고 깊이 있게 익히는 것이 중요하다는 것'이었다.

'정말 중요한 것은 내가 어떤 도구를 가지고 있느냐가 아니라, 그 도구를 어떻게 활용하느냐에 달려 있구나.'

현수 씨는 과감한 선택을 통해 불필요한 비용을 줄이고, 효율적으로 자신만의 도구를 활용하는 법을 터득하게 되었다. 이는 그의 업무뿐만 아니라, 전반적인 삶의 균형을 찾는 데도 큰 도움이 되었다. 앞으로도 현수 씨는 트렌드와 전문성을 유지하되, 보다 현명하고 전략적인 접근으로 자신만의 길을 걸어갈 것이다.

현수 씨가 직면한 문제는 단순히 비용 절감만이 아니다. 그는 개발자로서 성장하기 위해 최신 도구를 사용해야 한다는 압박감을 느꼈다. 이러한 압박감이 필요한 도구와 불필요한 도구를 구분하지 못하게 만든 것이다. 하지만 실질적으로 모든 도구를 다 사용해 볼 수는 없고, 그럴 필요도 없다는 점을 깨달았다.

이 시점에서 고려해야 했던 것은 '도구의 비용 대비 편익'이다. 디지털 도구를 선택할 때 단순히 그 도구가 유명하거나 전문가들이 사용한다고 해서 무작정 따라가는 것이 아니라, 자신에게 어떤 가치를 제공하는지, 그리고 그 가치를 얻기 위해 얼마나 큰 비용이 들어가는지를 신중하게 판단해야 한다.

예를 들어, 개발자들이 많이 사용하는 코드 관리 도구인 '깃허브GitHub'나 '깃랩GitLab'은 기본적인 기능을 무료로 제공하지만, 팀 협업이나 다양한 고급기능을 사용하기 위해서는 유료 구독이 필요하다. 이 경우, 현수 씨가 혼자 작업을 한다면 무료 기능만으로도 충분하지만, 팀과 협업이 필요하거나 더 복잡한 프로젝트를 진행하는 경우라면 유료 기능을 고려해야 할 것이다. 이처럼 도구의 비용은 그 도구를 어떻게 사용할 것인지에 따라 달라질 수 있다.

도구 선택에서 중요한 것은 단기적인 비용 절감만이 아니다. 초기 비용이 다소 높더라도 장기적인 생산성 향상과 효율성을 고려하면 더 큰 편익을 얻을 수 있다. 예를 들어, 고급기능을 제공하는 유료 도구를 사용하는 것이 초기에는 부담스럽지만, 이 도구가 장기적으로 업무 시간을 단축하고 더 나은 결과를 제공한다면 이는 충분히 가치 있는 투자라고 할 수 있다.

현수 씨는 이 점을 명확히 이해하게 됐다. 단순히 비용 절감을 위해 도구를 선택하는 것이 아니라, 제공하는 가치 기준으로 선택하게 된 것이다. 이로 인해 업무 효율성을 극대화할 수 있었고, 더 나은 성과를 얻게 되었다. 실시간 협업과 프로젝트 관리 기능을 지원하는 '슬랙'과 '트렐로'의 조합은 업무를 체계적으로 관리하는 데 큰 도움이 되고, 코드 관리를 위한 '깃허브'는 프로젝트의 질을 높이는 데 중요한 역할을 한다.

이처럼 디지털 도구를 선택할 때 비용과 편익을 고려하는 것은 상당히 중요하다.

모든 도구를 다 사용해 볼 수 없고, 그럴 필요도 없다. 중요한 것은 각 도구가 제공하는 가치를 명확히 이해하고, 자신의 필요에 맞게 전략적으로 선택하는 것이다.

따라서, 도구를 선택할 때는 기능, 사용자 친화성, 통합 가능성, 지원 및 유지 관리 측면을 철저히 검토해야 한다. 이러한 과정에서 도구의 비용과 편익을 종합적으로 평가하고, 자신의 필요에 가장 잘 맞는 도구를 선택하는 것이 중요하다.

새로운 도구, 새로운 관점이 필요하다

2022년 '콜로라도 주립 박람회 미술대회'의 디지털 아트 부문에서 게임 기획자인 제이슨 알렌Jason Allen의 'Théâtre D'opéra Spatial (스페이스 오페라 극장)'이 1위를 차지했다. AI 프로그램 미드저니^{MidJourney}를 사용하여 생성된 이미지로 1등을 차지했다는 것이 이슈가 되었고, 인공지능이 그린 그림이 수상을 하는 것에 대해 갑론을박이 일어났다. 다음은 알렌이 수상 후 자신의 디스코드^{Discord} 계정에 올린 게시글의 일부 내용이다.

"미드저니를 사용하여 수백 개의 이미지를 만들었고, 몇 주 동안 내 결과물들을 미세조정하고 큐레이팅한 후, 제가 가장 좋아하는 3가지를 선택해서 기가픽셀로 업스케일링해서 캔버스에 인쇄했습니다."

 인공지능은 이제 차별화된 무언가가 아닌 일반적인 도구로 자리잡아 무엇이 인공지능으로 한 작업인지 눈을 크게 뜨고 찾아봐야 할 정도이다. 세상은 촌각을 다투며 변하고 있고, 어쩌면 우리가 살아가는 날 중 오늘이 가장 느릴 것이다. AI가 그린 그림과 사람의 작업을 변별하지 못하는 것에 대한 혼란이 문제가 아니다. CNN과의 인터뷰에서 제이슨 알렌은 이 작품을 완성하는 데 80시간이 소요되었다고 한다. 단순히 AI를 이용했다고 해서 몇 분 만에 작품이 완성되는 것은 아니다. 생성형 인공지능 미드저니 프로그램이라는 도구의 퍼포먼스도 대단하지만, 제이스 알렌의 역량이 더 인상적이다.
 '좋은 질문에 좋은 답변이 따른다'는 말이 있다. 처음 생성형 인공지능을 활용해 본 사람들은 나의 질문 의도와 다른 결과물에 실망하는 경우가 종종 있다. 인공지능에 원하는 결과물을 끌어낼 수 있도록 명령하는 프롬프트를 세밀하게 디자인하는 기술을 '프롬프트 엔지니어링'이라고 부른다. 제이슨 알렌이 80시간 동안 집요하게 프롬프트 엔지니어링을 활용했기에 심사위원들의 눈을 사로잡는 결과물을 낼 수 있었던 것이다.

'농슬라(농업+테슬라)'라고 불리는 미국 농기계 업체 존 디어^{John Deere}의 자율주행 트랙터는 'CES 2023'에서 최고 혁신상을 수상했다. 이 트랙터는 운전자가 탑승하지 않아도 스스로 경작 작업을 수행할 수 있으며, 작업 오차 범위가 약 2센티미터에 불과하다. 이는 첨단 기술을 활용한 농업 혁신의 대표적인 사례로, AI 알고리즘과 디지털 트윈 데이터베이스 기술을 활용하여 정밀한 농업 작업을 가능하게 한다. 또한, 'CES 2023'에서 주목받은 다른 농업 기술로는 AI 알고리즘과 디지털 트윈 데이터베이스 기술을 활용한 휴대용 광학 스캐너 '원 서드^{One Third}'와 경작지 정찰 로봇 '센티브이^{SentiV}'가 있다. 원 서드는 농산물의 유통기한을 예측할 수 있으며, 센티브이는 경작지를 정찰하여 농업 관리에 도움을 준다. 이러한 첨단 농업 기술들은 전통적으로 IT와 거리가 멀었던 농업 분야에서도 큰 혁신을 일으키고 있으며, CES에서 '로보틱스^{Robotics}(로봇공학)'군으로 분류되어 그 중요성을 인정받고 있다.

코로나 팬데믹 이후, 건강이 인간 생존과 직결된다는 인식이 증가하면서 헬스 테크놀로지가 급속히 발전하고 있다. SK 바이오팜의 제로 글래스$^{Zero\ Glass}$는 안경 모양의 고글을 쓰면 저절로 뇌파와 심전도 움직임 등 복합 생체 신호를 측정해 환자 개인이 손쉽게 사용할 수 있도록 했다. 덱스콤^{Dexcom}은 연속 혈당 모니터링 시스템을 개발하여 당뇨병 환자들이 실시간으로 혈당 수치를 모니터링 하고 관리할 수 있다. 또한, 아카펠라 그룹의 '마이 오운 보이스$^{My\ Own\ Voice}$'는 말하기 능력을 잃을 위기에 처한 사용자들의 음성을 합성하여 디지털 목소리로 재생성하는 기술이다. 디지털로 만들어진 목소리는 통신 장치를 통해 사용자의 실제 목소리처럼 사용할 수 있다.

기술의 발전으로 새롭게 얻게 되는 도구를 통해 우리는 전에 없던 호사를 누릴 수 있을 것이다. 이것이 기술의 과시가 아닌 우리 모두에게 공평하고 공정하게 활용될 수 있도록 제대로 응용하는 능력을 키우려는 관점으로의 전향이 필요하다.

기술의 발전이 이미 시간을 따라잡은 지 오래다. 기계는 아무리 똑똑해도 고장 나기 마련이다. 미래는 시간이 흐르면 그냥 다가오는 것이라는 수동적인 태도에서 벗어나 적극적으로 관찰하고 개입하는 순간, 당신은 변화의 촉진자로 살고 있을 것이다.

"당신의 삶, 사업, 세상에서 무엇이 실행되기를 원하는가?"

나만의 TOOL을
장착하라

새로운 도구, 낯선 시작

"소영 씨, 요즘 트렐로 어떻게 쓰고 있어요? 새 도구 도입 후 업무가 좀 편해졌나요?" 팀장님의 질문에 소영 씨는 잠시 머뭇거렸다. 솔직히 트렐로를 처음 도입했을 때, 전혀 마음에 들지 않았다. 엑셀과 이메일로 일하는 게 익숙했기 때문에 트렐로라는 새로운 도구가 불편하고 번거롭게 느껴졌다. 팀에서 트렐로가 프로젝트 관리에 얼마나 유용한지 강조하며 전환하자고 했을 때, 도대체 어디서부터 시작해야 할지 몰라 난감했었다. 보드 설정은 어떻게 해야 하는지, 할 일을 어떻게 정리해야 할지 감이 잡히지 않았고, 프로젝트가 많아질수록 더 혼란스러워졌다. 한번은 중요한 클라이언트 미팅 전에 기획안을 정리해 놓고 트렐로에 업데이트하는 것을 깜빡했던 적이 있었다. 그 때문에 자료를 찾느라 진땀을 뺐던 기억이 아직도 생생하다. 정말 당황스러웠다.

소영 씨는 트렐로가 왜 필요한지부터 다시 생각해 보기로 했다. 프로젝트를 한눈에 관리하고, 팀원들끼리 실시간으로 소통하며, 그날 해야 할 일을 정리하는 게 트렐로의 강점이었다. 그래서 그것을 목표로 잡고 다시 도전해 보기로 했다. 자주 쓰면 익숙해질 거라는 말에, 매일 아침 트렐로를 열어봤지만, 자주 쓴다고 바로 익숙해지는 것도 아니었다.

소영 씨는 모두가 참여한 회의에서 트렐로가 자신의 업무 처리에 유용하지 않은 것 같다고 솔직히 털어놓았다. 다행히 동료 중 한 명이 비슷한 어려움을 겪었던 경험을 공유해 주었다. 그 친구는 트렐로를 효율적으로 사용하기 위해 템플릿 카드를 만들어 반복 작업을 자동화하는 방법을 알려줬다. 또, 라벨을 활용해 프로젝트의 우선순위를 쉽게 확인할 수 있는 팁도 알려주었다. 이 작은 변화들이 소영 씨에게 큰 도움이 되었다.

그 후로 조금씩 업무 스타일에 맞게 조정하기 시작했다. 프로젝트마다 색상 라벨을 달아서 우선순위를 한눈에 볼 수 있게 했고, 자주 사용하는 보드와 카드는 따로 정리해 빠르게 접근할 수 있도록 설정했다. 특히, 트렐로와 구글 드라이브를 연동해 필요한 문서나 자료를 한곳에서 관리할 수 있게 만들었다. 그러자 업무 효율이 눈에 띄게 향상되었다. 이제는 슬랙에서 트렐로 알림을 받으면 바로 팀원들에게 피드백을 줄 수 있어 시간도 절약할 수 있다.

이 과정에서 단순히 도구를 사용하는 것 이상을 배웠다. 새로운 도구를 어떻게 최적화하고, 자신의 업무 방식에 맞게 조정하는지가 얼마나 중요한지를 깨달았다. 처음에는 불편하고 낯설었던 트렐로가 이제는 업무에 없어서는 안 될 도구가 되었다. 이 경험을 통해, 앞으로 새로운 도구를 만나더라도 어떻게 접근하고 활용할지를 알게 되었다.

신중한 선택

유학을 준비하고 있는 지혜 씨는 석사학위 논문을 쓸 때만 해도 논문 참고문헌 관리에 엑셀과 학교에서 제공해 주는 엔드노트^{Endnote}를 사용했다. 참고문헌을 꼭 프로그램으로 정리하지 않아도 되지만, 뭔가 체계적이지 않다는 생각을 하던 차였다. 최근 국제학술대회가 국내에서 열려 참석했던 자리에서 지혜 씨는 다양한 서지정보 관리 프로그램들을 추천받았다. 엔드노트, 멘델레이^{Mendeley}, 조테로^{Zotero} 등이었다.

안 그래도 늘 참고문헌 정리에 허덕이는 경험을 했던 차라, 추천받은 프로그램들을 하나씩 탐색 중이다. 지혜 씨에게는 조테로가 잘 맞는 듯했다. 기능 습득도 쉽고, 가시적인 부분이 마음에 들었다. 그런데 이런 프로그램들은 맥과 윈도우의 OS 지원에 따라 호환성에 차이가 있다고 했다. 크롬을 사용하는 지혜 씨는 조테로가 파이어폭스와 잘 맞는다는 얘기에 난감해졌다. 인터페이스가 마이크로소프트 엣지^{Edge}인지, 크롬^{Chrome}인지, 파이어폭스^{Firefox}인지도 호환에 있어서 중요하다고 하는데, 아무리 좋은 서지 정리 프로그램이라도 크롬을 파이어폭스로까지 바꾸면서 사용하고 싶지는 않다. 조금 더 고민해서 선택해야 할 것 같다.

위의 사례들을 통해 도구를 선택하고 사용하는 데에 있어서 자신에게 잘 맞는지 확인하는 것이 중요함을 알 수 있다. 효과적인 도구 사용을 위해서는 자신만의 도구 사용 프레임워크를 갖추어야 한다. 자신만의 도구 활용 프레임워크를 구축하고 이를 통해 업무 생산성을 높인다면, 다른 사람과 차별화될 수 있다. 도구를 활용해 데이터나 정보를 효율적으로 수집하고 처리하며, 자동화 또는 반자동화를 통해 업무를 최적화하는 것이 핵심이다. 특히, 파급 효과가 큰 생성형 AI를 잘 활용하면 독특한 정보 수집 및 정리 방법을 개발하고, 창의적인 결과물을 만들어 낼 수 있다. 이는 개인의 전문성을 높이고 경쟁력을 강화하는 데 큰 도움이 된다.

도구 사용 기술을 향상하기 위해서는 다음과 같은 접근법이 필요하다.

- **명확한 목적 설정** : 도구를 사용하는 이유와 목표를 명확히 정한다.
- **꾸준한 사용** : 도구를 자주 사용해 익숙해지도록 한다.
- **전문가와의 교류** : 경험 많은 사용자들과 교류하며 노하우를 습득한다.
- **자신만의 기술 연마** : 도구의 기능을 깊이 있게 익히고, 자신의 업무 스타일에 맞게 최적화한다.
- **호환성 고려** : 도구 간의 연동성을 고려해 업무 흐름을 효율적으로 만든다.
- **체계적인 도구 활용 프레임워크 구축** : 도구 활용을 체계적으로 접근하여 업

무 효율성을 극대화한다.

  유명한 소설가 스티븐 킹은 글쓰기 지침서인 『유혹하는 글쓰기』
에서 '나만의 툴박스^{Toolbox}를 가져야 한다'고 주장했다. 단순히 드라
이버만 꺼내 쓰더라도 이런저런 도구들이 들어있는 공구함을 언제
나 들고 다니는 것처럼 작가도 글쓰기를 위한 자신만의 상자를 만들
어 언제든지 꺼내어 쓸 수 있어야 한다고 했다. 디지털 도구가 많아
질수록 어떤 도구를 사용해야 할지 고민이 될 수 있다. 그러니 자신
에게 필요한 도구를 정확하게 선택하고 사용하는 법을 알아야 한다.

  이를 토대로 자신만의 도구 활용을 위한 프레임 모델 '툴^{TOOL}'을
소개하면 아래와 같다.
  첫째, 시도하라(Try). 끊임없이 새로운 도구들이 나타나지만, 선택
과 사용을 두려워하지 말고 시도해 보도록 한다.
  둘째, 운용해보라(Operate). 선택한 도구의 사용법을 익히고 어떻
게 사용하는 건지 실제로 운용해 보도록 한다.
  셋째, 최적화하라(Optimize). 사용법을 익힌 도구를 자신에게 알맞
게 최적화한다.
  넷째, 끊임없이 학습하라(Learn). 최적화된 도구 사용법을 계속해
서 학습하고 새로운 기능들을 알아가도록 한다.

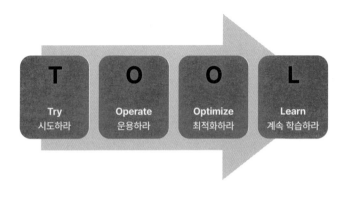

모든 도구를 사용할 필요는 없다. 아무리 좋은 최신의 도구라 해도 자신에게 잘 맞는 도구인지 확인할 필요가 있다. 자신에게 가장 필요한 도구를 선택하고, 그 도구에 집중해 능숙해지는 것이 중요하다. 이를 위해 자신에게 필수적인 도구를 파악하는 것이 우선이다.

· 업무에서 가장 자주 사용하는 도구는 무엇인가?

· 정보 수집과 분석에 도움이 되는 도구는 무엇인가?

· 회의나 팀 활동 시 팀워크와 소통을 높여주는 도구는 무엇인가?

이러한 질문을 통해 툴박스에 우선적으로 추가해야 할 도구를 선정할 수 있다. 핵심 도구를 파악한 후에는 각 도구를 직접 사용해 보고, 다른 사용자들의 리뷰를 참고하며 기능과 사용 편의성, 보안성 등을 비교 분석한다. 또한, 새로 출시되는 도구에 대해 끊임없이 정보를 얻고, 더 나은 도구가 등장했는지 확인하는 노력도 필요하다. 마지막으로, 툴박스를 정리하고 관리하는 것이 중요하다. 사용하지 않는 도구는 제거하고, 자주 사용하는 도구는 쉽게 찾을 수 있도록 정리한다. 도구의 업데이트 및 보안 관리도 꾸준히 해야 한다.

이제, 생산성을 향상하는 당신만의 툴박스를 만들어 보자. 적절히 선택하고, 효과적으로 활용하는 도구들이 당신의 업무 성과를 한 단계 높여줄 것이다.

[새로운 디지털 도구에 대한 걱정 정도]

1. 지난 1년 동안 새로운 디지털 도구를 사용하기 전 걱정을 한 적이 있는가?

1	2	3	4	5	6	7
전혀 그렇지 않다	그렇지 않다	약간 그렇지 않다	보통이다	약간 그렇다	그렇다	매우 그렇다

* 응답 수준 7점 척도

2. 걱정하는 부분이 무엇인지 생각하고 적어 본다.

_____

_____

_____

_____

[디지털 도구 적응성]

3. 사용했던 새로운 도구에 대한 나의 적응성이 어느 지점에 위치해 있는지 체크해 보자.

1	2	3	4	5	6	7
전혀 그렇지 않다	그렇지 않다	약간 그렇지 않다	보통이다	약간 그렇다	그렇다	매우 그렇다

* 응답 수준 7점 척도

도구 전환 ◆

197

4. 적응성 척도에 따라 사용 후 주관적으로 느낀 디지털 도구의 장점과 단점을 작성해 본다.

• 새 도구의 장점은 무엇인가?

_____

• 새 도구의 단점은 무엇인가?

_____

[디지털 도구 활용도]

5. 나의 생성형 AI 도구 활용 스킬 수준은?

1	2	3	4	5	6	7
전혀 그렇지 않다	그렇지 않다	약간 그렇지 않다	보통이다	약간 그렇다	그렇다	매우 그렇다

* 응답 수준 7점 척도

6. 나에게 필요한 정보를 적절한 검색어를 사용하여 효율적으로 검색할 수 있는가?

1	2	3	4	5	6	7
전혀 그렇지 않다	그렇지 않다	약간 그렇지 않다	보통이다	약간 그렇다	그렇다	매우 그렇다

* 응답 수준 7점 척도

PART
3

자원

전환을 추진할
시간의 힘

전환 자원 점검 질문 [TAP]

1. **시간** 전환을 위한 활동에 충분한 시간을 투자하고 있는가?

   ☐ yes   ☐ no

2. **공간** 전환을 위한 활동에 몰두할 수 있는 공간을 구축했는가?

   ☐ yes   ☐ no

3. **인간** 전환을 지지하고 협력하는 사람들과 함께하거나 연결되어 있는가?

   ☐ yes   ☐ no

전환의 추진력인
TAP(Time, Area, People)을 열다

"인간을 바꾸는 방법은 세 가지뿐이다. 시간을 달리 쓰는 것, 사는 곳을 바꾸는 것, 새로운 사람을 사귀는 것. 이렇게 세 가지 방법이 아니면 인간은 바뀌지 않는다. 새로운 결심을 하는 건 가장 무의미한 행위다."

— 오마에 겐이치, 일본의 경제학자, 경영 컨설턴트

생텍쥐페리Antoine de Saint-Exupéry의 소설 『야간비행』의 주인공 조종사 파비앵은 폭풍우 속에서 방향을 잃고 연료가 부족한 상태로 더 이상 갈 곳이 없다는 절망적인 상황에 직면한다. 목적지는 눈앞에 있으나 착륙할 수도 없고, 다른 공항이 있어도 연료가 모자라 그곳까지 갈 수 없는 상황이다. 야간비행의 책임자인 리비에르는 조종사들의 실종 소식을 접하고, 극한의 상황에서 이렇게 말한다.

"인생에는 해결책이 없어. 앞으로 나아가는 힘뿐. 그런 힘을 만들어 내면 해결책은 뒤따라온다네."

인생에서 문제가 발생할 때, 모든 답을 미리 알 수 없다. 오히려 해결책은 움직이고 나아가는 과정에서 생긴다. 중요한 것은 '시간, 공간, 사람'이라는 자원을 전환하여 추진력을 만들어 내고, 그 추진력으로 인해 자연스럽게 해결책이 뒤따라오게 만드는 것이다. 이는 삶에서 중요한 변화를 이루기 위한 근본적인 전략이다.

'추진력Motive forces'이란 변화와 전환을 가능케 하는 에너지를 의미하는 동시에 삶의 원동력이다. 선택한 목적을 향해 계속 나아가든 방향을 바꿔 새로운 목표를 설정하든, 혹은 실패를 딛고 재도전하든 간에 전환 과정에서 추진력은 중요할 수밖에 없다. 항공기는 기종과 비행거리에 따라 다르지만, 일반적으로 이륙 시에는 순항 때보다 2배 이상의 연료를 소모한다. 엔진이 고출력 모드로 충분한 가속을 냈을 때, 중력을 이겨낼 수 있는 추력을 확보하기 때문이다.

전환 역시 목표에 도달하기 위해서는 지속해서 삶에 에너지를 공급해야 하며, 이때 '자원'은 이러한 힘과 에너지의 원천이 된다.

'자원'이라는 단어를 떠올리면 흔히 국가적 또는 조직적 자원을 먼저 생각한다. 그러나 국가나 조직뿐 아니라 개인도 각자의 자원을 보유하고 있다. 변화와 성장을 이루기 위한 전환 시 반드시 확보하고 적절히 활용해야 할 세 가지 주요 자원은 '시간^{Time}', '공간^{Area}', '사람^{People}'이다. 이 세 가지 자원을 통해 전환의 동력을 만들고 에너지를 공급받을 수 있다.

세 가지 주요 자원인 'T.A.P.$^{\text{Time, Area, People}}$'은 마치 파이프나 용기의 흐름을 조절하는 밸브와 같다. 이 꼭지^{TAP}를 열고 잘 관리해야만 자원 흐름이 원활해지고, 필요한 추진력을 지속적으로 얻을 수 있다.

첫 번째 자원은 시간^{Time}이다. 시간을 관리하고 적절하게 배분하지 못한다면, 전환의 과정에서 중요한 목표 달성의 동력을 잃게 된다. 시간은 한정된 자원이기에 이를 전략적으로 활용해야 한다. 자신의 시간을 어떻게 사용할지에 대한 철저한 계획과 우선순위 설정이 필수적이다.

두 번째 자원은 공간^{Area}이다. 물리적인 환경뿐 아니라 디지털 가상공간 그리고 심리적 공간까지 포함해 전환 활동에만 몰입할 수 있는 독립적 공간이 필요하다. 변화와 전환을 이룰 수 있는 적절한 환경을 구축하고, 그 안에서 스스로 성장할 수 있는 여유와 여건을 마련해야 한다. 이 자원은 쉽게 간과되지만, 개인의 성장과 전환에 매우 중요한 역할을 한다.

세 번째 자원은 사람^{People}이다. 인간은 자신이 속한 네트워크와

전환을 추진할 시간의 힘

함께 성장하고 변화한다. 중요한 사람들과의 관계를 통해 지지와 영감을 받고, 새로운 기회와 자원을 발견한다. 적절한 인맥과 네트워크를 통해 자신의 전환을 도울 수 있는 사람들과 연결되는 것도 중요하지만, 기존에 부정적인 영향을 미치거나 정체를 유발하는 관계를 적절히 정리할 수 있어야 한다.

앞서 언급했던 일본의 경제학자이자 경영 컨설턴트인 오마에 겐이치의 말처럼 시간, 공간, 사람 자원이 적절히 균형을 이룰 때 추진력을 얻고, 변화와 전환의 과정을 효과적으로 이끌어갈 수 있다.

다음 페이지의 그래프는 시간, 공간, 사람 자원의 흐름을 10점 만점으로 표기했다. T.A.P.이 원활하게 흐르고 있는, 세 가지 자원이 모두 충분히 확보된 이상적인 상태라면 10점 만점인 상황에 해당한다. 첫 번째 그래프는 시간자원은 8, 공간자원은 6으로 어느 정도 확보되었지만 사람자원이 턱없이 부족한 상황이다. 반면에, 두 번째 그래프는 사람만 7정도 확보되었을 뿐 시간과 공간 자원의 흐름이 원활하지 않은 상태이다.

스스로 자신의 자원 상태는 어떤지 확인해 보자. 현재 상태가 첫 번째 그림에 가까운가 아니면 두 번째 그림에 가까운가? 전환을 이루는 추진력을 위해 자원을 효율적으로 배분하는 것은 중요하다. 만약 두 번째 그림처럼 자원의 흐름이 원활하게 이루어지고 있지 않

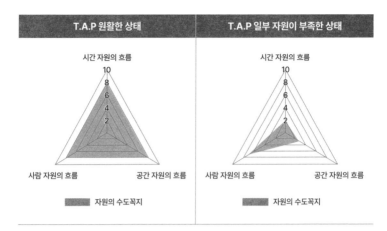

T.A.P 원활한 상태	T.A.P 일부 자원이 부족한 상태
시간 자원의 흐름	시간 자원의 흐름
사람 자원의 흐름 　 공간 자원의 흐름	사람 자원의 흐름 　 공간 자원의 흐름
자원의 수도꼭지	자원의 수도꼭지

다면 여유있는 자원은 어떻게 관리할 것인지, 부족한 자원은 어떻게 확보할 것인지 점검해 봐야 한다. 이 세 가지 자원 중 어느 하나가 부족하거나 원활하지 않다면, 전환을 이루는 데 방해가 될 수 있다. 이를 해결하기 위해 가장 먼저 해야 할 것은 '자원 분석'이다. 주어진 시간, 둘러싼 공간 그리고 함께하는 사람들을 자신이 어떻게 활용하고 있는지 구체적으로 살펴보고, 부족한 자원을 보완하기 위한 계획을 세운다. 현재 상태를 인식하고 부족한 부분을 채워가며 완전한 추진력을 얻는다면 전환 자원을 통해 더 나은 방향으로 나아갈 수 있다.

최적화된 시간은
전환을 만든다

역사학자 에드워드 헬럿 카$^{Edward\ Hallett\ Carr}$는 "역사란 과거와 현재의 끊임없는 대화"라 했다. 이것은 미래를 계획하고 준비하는 데에도 동일하게 적용된다. 과거, 현재, 미래가 끊임없이 상호작용하기 때문이다. 과거의 경험은 현재의 결정을 형성하고, 현재의 선택은 곧 미래의 모습을 결정짓는다. '시간'이라는 연속선에서 미래를 예측하고 시간을 활용하는 것은 스스로 깨어있는 목적 있는 삶의 행위다.

미래를 구체적으로 상상하고 실천하는 능력을 '미래 문해력^{Future} ^{Literacy}'이라 한다. 이는 단순히 시간을 이해하는 것이 아니라, 미래에 대한 기대, 목표 설정 그리고 장기적인 계획을 구체화하는 능력이다. 특히 인간이 삶의 중요한 전환기에 놓일 때, 미래 문해력은 장기 목표를 설정하고, 목표에 맞춰 현재 행동을 결정하는 데 중요한 역할을 한다. 연구에 따르면 미래 문해력을 가진 사람은 시간 관리를 잘하며, 미래 목표를 위해 노력하고, 높은 혁신성과 효능감으로 긍정적인 태도를 형성한다.

능동적인 관리로 시간을 자원으로 바꾸다

"일하는 시간과 노는 시간을 뚜렷이 구분하라. 시간의 중요성을 이해하고 매 순간을 즐겁게 보내고 유용하게 활용하라. 그러면 젊은 날은 유쾌함으로 가득 찰 것이고, 늙어서도 후회할 일이 적어질 것이며, 비록 가난할 때라도 인생을 아름답게 살아갈 수 있다."

— 루이사 메이 올콧, 『작은 아씨들』의 저자

시간은 흘러가는 것에 불과하다고 많은 사람이 생각하지만, 동시에 통제하고 활용할 수 있다. 물론 시간은 지하자원이나 인적 자원과는 다르다. 땅속에 묻힌 금광석은 추출하고 정제하는 과정을 거쳐 금을 얻을 수 있지만, 시간은 저장하거나 축적할 수 없다. 오직 현재만 사용할 수 있고, 흘러간 시간은 절대 되돌리지 못한다. 모든 사람에게 동일하게 주어지기에 평등하지만, 어떻게 사용하느냐에 따라 인생의 결과는 달라진다.

따라서 시간을 자원으로 인식하고 적극적으로 관리하는 것이 무엇보다 중요하다. 시간의 흐름은 막을 수 없기 때문에 자원으로 활

전환을 추진할 시간의 힘 ◆

용하기 위해서는 계획하고, 우선순위를 설정하며, 지속적으로 관리하는 능동적인 노력이 필요하다. 지하자원 개발을 위해 기술, 인재, 재정적 투자 등이 필요하듯 시간이라는 자원을 활용하기 위해서도 시간 관리 기술, 명확한 목표 설정, 효율적 계획 수립이 필수다.

한나 씨는 매일 "시간이 부족해"라는 말을 입에 달고 산다. 직장에서는 프로젝트 마감에 쫓기고, 퇴근 후에는 육아에 매달리다 보니 자신을 위한 시간은커녕 숨 돌릴 틈도 없다.

어느 날 친구에게 고민을 털어놓자 시간 관리 방법을 바꿔보라고 조언했다. 처음에는 회의적이었다. 매일 바쁜데 어떻게 더 효율적으로 시간을 쓸 수 있겠냐고 생각했기 때문이다. 하지만 친구의 권유로 하루일과를 꼼꼼히 기록해 본 결과, 자신이 얼마나 자잘한 일들에 시간을 쏟고 있는지 발견했다. 습관처럼 이메일을 확인하고, 불필요한 통화와 휴식이라는 명목으로 릴스나 SNS 스크롤에 많은 시간을 소비하고 있었다.

이후, 한나 씨는 우선순위를 명확히 정하고, 작은 일에 시간을 낭비하지 않기로 결심했다. 중요한 업무부터 처리하고 자잘한 일들은 과감히 쳐냈다. 불필요한 회의나 지나친 SNS 사용도 줄여나갔다. 그 결과, 한나 씨의 업무 성과는 더욱 높아졌고, 가족과 보내는 시간도 늘어났다.

하루 24시간이라는 같은 조건을 가지고도 어떤 사람은 효율적으로 관리하여 목표에 도달하는 반면, 다른 사람은 바쁜 일상 속에서 시간을 허비하며 "시간이 부족하다"는 말을 습관처럼 내뱉는다. 한나 씨도 마찬가지였다. 매일매일 업무와 개인적인 일에 치여 "시간이 없어"라는 말을 자주 했지만, 자신이 어떻게 시간을 사용했는지 기록하고 검토한 뒤 시간 관리의 중요성을 깨달았다. 그녀는 중요한 일을 먼저 처리하고, 불필요한 업무는 과감히 줄이는 방식으로 시간 관리 방식을 바꾸면서 삶의 질이 크게 향상되었다.

한나 씨의 구체적인 시간 관리 방법은 무엇이었을까? 바로 'P, E, T' 전략이다. 우선순위^{Priority}, 에너지^{Energy}, 절대 시간^{Time} 요소를 마치 반려동물$^{P.E.T}$ 돌보듯 신경 써서 관리했다. 모든 일이 동등하게 중요하지 않다. 정원사가 제한된 물을 가장 중요한 식물에 먼저 주듯 시간이라는 자원을 가장 중요한 일에 우선적으로 배분한다. 우선순위가 명확하지 않으면 쉽게 집중을 잃고 사소한 일에 시간을 낭비하게 된다. 예를 들어 퇴근 후 남은 두 시간 동안 우선순위를 제대로 설정하지 않으면 유튜브나 소셜 미디어를 보며 시간을 허비하기 쉽다. 중요한 일에 집중할 수 있도록 하루를 30분 단위로 나누어 계획하고 실천하는 '시간 블록킹^{blocking}' 방법을 활용한다. 또한 매일 세 가지 중요한 일을 정하고 이를 먼저 해결하면 나머지 일들은 자연스럽게 해결될 가능성이 높다.

그러나 우선순위가 아무리 명확해도 에너지가 부족하면 일을 제대로 수행할 수 없다. 스트레스와 피로는 집중력을 떨어뜨리고, 이로 인해 중요한 일을 인지하고 있음에도 실행하지 못한다. 이때는 에너지를 재충전하고 충분한 휴식을 통해 생산성을 높이는 것이 중요하다.

실제 물리적 시간이 부족한 경우도 있다. 그런 경우 중요한 일에 사용할 수 있는 시간을 먼저 확보하고 이를 계획에 반영하는 것이 필요하다. 예를 들어 피트니스 목표를 달성하기 위해 최소 30분에서 1시간 정도 운동 시간을 확보해야 하듯 큰 성과를 기대할 때도 직접적인 시간 투자가 필요하다. 단순히 시간을 쪼개서 사용하는 것이 아니라 필요한 만큼 시간을 확보하고 그 시간에 온전히 집중하는 것이 중요하다.

시간은 돈으로 살 수 없는 제한 자원이므로 효율성과 효과성의 균형을 맞추는 것이야말로 최적의 활용법이다. '효율성'이란 정해진 시간 안에 얼마나 많은 일을 해내는지에 관한 것이며, '효과성'은 그 일이 실제로 목표 달성에 얼마나 기여하는지를 평가한다. 단순히 빠르게 많은 일을 처리한다고 해서 성공적인 시간 관리를 하고 있다고 말할 수는 없다. 작은 일들에 몰두하다가 정말 중요한 프로젝트를 미루게 된다면, 효율성은 높아지겠지만 효과성은 떨어질 수밖에 없다. 효율성과 효과성의 균형을 맞추려면 각 업무의 중요도를 평가하고, 중요한 일에 더 많은 시간을 투자하는 전략이 필요하다. 효율성만 강조하면 양적인 성과는 늘어날지 모르지만, 질적인 성과는 부족해질 수 있다. 반대로 효과성에만 집중하다 보면 완벽을 추구하게 되어 시간 낭비가 발생할 수 있다. 적은 시간으로도 중요한 성과를 내기 위해 두 요소의 조화가 중요하다.

구분	효율성(수단 Means)	효과성(목적 Ends)
초점	낭비 없이 올바르게 일하기 Doing things right	목적에 적합한 일 하기/옳은 일 하기 Doing the right things
범위	자원 활용 – 낭비 감소	목표 달성 – 높은 성취
결과물	최소한의 투입으로 최대의 결과 얻기	최종/조직 목표 달성
예시	실수 없이 신속하게 업무 완수하기	고객의 욕구를 충족하는 고품질 제품 생산
팁	- 명확한 목표와 우선순위 결정하기 - 큰 업무를 더 작고 관리하기 쉬운 것으로 나누기 - 보다 효율적으로 작업하는 데 도움이 되는 도구와 자원 활용하기 - 방해 요소 제거하기	- 현실적인 목표 설정하기 - 계획을 세우고 충실하게 진행하기 - 진행 상황을 모니터하고 필요에 따라 조정하기 - 기꺼이 도움 요청하기

전환 상황에서 때로는 '시간'만이 투자할 수 있는 유일한 자원이 될 때도 있다. 전환 목표를 명확히 하고 시간을 투자 자원으로 바라보는 접근법은 시간 관리의 중요성을 재조명해 준다. 투자대비 수익률을 측정하는 지표인 ROI^Return on Investment 개념을 시간 관리에 적용하면 특정 활동에 투입한 시간 대비 얻은 결과물의 가치를 평가할 수 있다. 이를 통해 시간은 가치 있는 자원으로 변화한다. 능동적인 시간 관리는 삶을 계획하고 성취를 이루는 도구가 된다.

전환을 추진할 시간의 힘 ◆

핏^{Fit}한 맞춤 루틴을 만든다

효율적인 시간 관리는 성공적인 사람들의 핵심 습관이다. 하지만 시간 관리는 단순히 계획을 세우고 그에 맞춰 일정을 따르는 것에 그치지 않는다. 중요한 것은 자신의 삶과 목표에 맞는 맞춤형 루틴을 만드는 과정이다. 사람마다 시간 사용 패턴은 다르기 때문에 자신에게 맞는 방식을 찾고 실천하는 것이 핵심이다. 자신의 시간 사용 패턴을 분석해 자신에게 맞는 툴을 찾고, 실천에 옮기는 과정이 필요하다. 핏^{Fit}한 맞춤 루틴을 만들어 시간 자원을 최적으로 관리하면 개인의 성과는 물론 일상의 질까지 향상된다. 작은 변화부터 시작해 루틴을 개선해 나가는 것이 장기적으로 성공적인 시간 관리 전략이 된다.

#1. 아이젠하워 매트릭스 Eisenhower Matrix

'아이젠하워 매트릭스'는 중요한 일과 급한 일을 구분하여 일의
우선순위를 정하는 데 도움을 주는 유용한 도구다. 직장에서는 당장
시급한 일들이 많아 장기적인 목표에 집중하기 어려울 때가 많다.
매트릭스를 활용하여 미래를 위해 통제가능한 시간을 최대한 확보
하는 데 활용한다.

아이젠하워 매트릭스

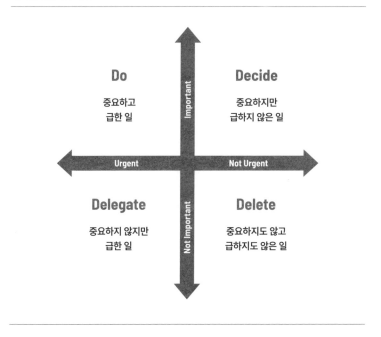

① Do : 중요하고 급한 일(즉시 처리해야 할 일)

이 영역에는 긴급회의, 마감이 임박한 프로젝트, 돌발 상황과 같이 시급하고 즉각적인 처리가 필요한 일들이 포함된다. 여기에 속한 것은 미룰 수 없기 때문에 바로 해결해야 하며, 대개 타인들에게 인정받을 수 있는 성과를 만들어 낸다.

② Decide : 중요하지만 급하지 않은 일(미래를 위한 준비)

자격증 취득 계획, 개인 성장 및 학습, 장기 목표 설정 등이 여기에 속한다. 이 영역의 일들은 지금 당장 시급하지는 않지만, 장기적으로 중요한 영향을 미치기 때문에 미루지 않고 계획적으로 처리하면 삶에서 큰 진전을 이룰 수 있다. 시간이 지나면 이 영역에 속한 일들이 'Do 영역'으로 옮겨가므로 주기적으로 시간을 투자해야 한다.

③ Delegate : 중요하지 않지만 급한 일(위임 가능 업무)

사소한 요청, 중요하지 않은 이메일이나 카톡 메시지 답장 등이 여기에 포함된다. 이러한 일들은 급해 보이지만 사실 큰 영향을 미치지는 않는다. 이 영역에서 시간을 낭비하지 않기 위해 위임하거나 간단히 처리하는 전략이 필요하다.

④ Delete : 중요하지도 않고 급하지도 않은 일(시간 낭비)

인터넷 서핑, 유튜브 시청 등과 같이 목적 없는 활동들이 여기에 속한다. 이 영역은 시간을 낭비하는 대표적인 공간으로 가능한 한 이 영역에서의 시간을 최소화하는 것이 중요하다.

이제 자신의 시간 관리 매트릭스를 작성해 보자. 각 영역에 맞는 일들을 분류하고 ② 영역의 '중요하지만 급하지 않은 일'에 더 많은 시간을 투자하여 장기적인 성공과 성장을 이루도록 한다.

#2. 포모도로 기법Pomodoro Technique

'포모도로 기법'은 구글의 시간 관리법으로 소개되어 유명해진 방법이다. 이는 모래시계나 타이머와 같은 도구를 활용해 단 하나의 활동에 25분간 집중하고 5분간 휴식을 취하는 방식이다. 포모도로 (작업 주기)를 4회 반복 수행한 후에는 긴 휴식(15~30분)을 가진다. 이렇게 집중과 휴식을 반복하면 최소 30분가량 긴 휴식을 가져야 한다. 이 방법은 작업 중단을 줄이고 집중력을 높여 시간을 자원으로 활용하는 데 효과적이다. 유의해야 할 점은 25분의 집중하는 시간에는 휴대폰, 이메일 알람 등 일체의 방해되는 환경을 배제하고 단 한 가지 중요한 과제만 집중해야 한다는 것이다. 물론 사람마다 집중할 수 있는 시간과 한계가 다르니 자신이 집중할 수 있는 가장 이상적인 시간 패턴을 알아내 적용한다.

포모도로 기법 사용법

단일 작업 선택 : 먼저 하나의 중요한 작업을 선택한다.

25분 타이머 설정 : 25분 동안 그 작업에 온전히 집중한다. 이 시간 동안에
는 다른 일에 방해받지 않도록 한다.

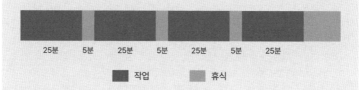

| 25분 | 5분 | 25분 | 5분 | 25분 | 5분 | 25분 |

■ 작업 ■ 휴식

5분 휴식 : 25분 집중이 끝나면 5분간 짧은 휴식을 취한다. 이때는 완전히
일을 멈추고, 가볍게 스트레칭하거나 잠시 걷는다.

반복 : 이 과정을 4번 반복한 후, 15~30분 동안 긴 휴식을 취한다.

❋ 핵심 포인트

25분 동안에는 절대 다른 일에 신경 쓰지 않고 오로지 한 가지에만 집중한
다. 이 방법을 지속하면 작업 집중도와 생산성이 크게 향상된다. 자신이 가
장 효율적으로 집중할 수 있는 시간을 찾아 조정해 사용할 수 있다.

#3. 파레토의 80/20 법칙^{Pareto Principle}

　1896년, 경제학자 빌프레도 파레토^{Vilfredo Pareto}는 이탈리아 전체 인구의 약 20%가 국가 부의 80%를 차지한다는 사실을 발견했다. 예를 들어, 비즈니스 매출의 80%는 전체 고객의 20%로부터 나온다는 것이다. 이를 통해 중요한 소수 요소가 전체 성과에 큰 영향을 미친다는 개념이 다양한 분야에 확장되어 '파레토 법칙' 또는 '80/20 법칙'으로 널리 알려졌다.

　시간 관리 측면에서도 파레토 법칙은 동일하게 적용된다. 업무의 80% 성과는 전체 시간 중 20%의 핵심적인 시간 사용에서 비롯되기

파레토의 80/20 법칙

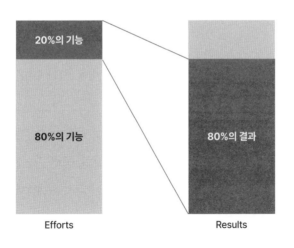

전환을 추진할 시간의 힘

219 ◆

파레토 법칙 사용법

우선순위 설정 : 가장 큰 성과를 낼 수 있는 활동을 식별하고, 그 활동에 집중한다.

불필요한 작업 제거 : 성과에 크게 기여하지 않는 80%의 활동에 시간을 낭비하지 않도록 관리한다.

집중 작업 시간 설정 : 중요한 20%의 활동에만 집중할 수 있는 시간을 별도로 설정, 그 시간 동안 방해 요소를 최소화한다.

✽ 핵심 포인트
80-20 법칙을 시간 관리에 적용하여 보다 효율적이고 큰 성과를 창출할 수 있다.

때문이다. 특히 한정된 시간 자원을 어떻게 효과적으로 관리해야 하는지를 고민할 때 매우 유용하다. 파레토 법칙의 본질은 최소한의 노력으로 최대한의 성과를 창출하는 데 있으며, 시간을 잘 관리하기 위해서는 핵심 활동을 찾아 집중하는 것이 필수이다.

시간 관리에서 이 법칙을 적용할 때는, 하루 중 가장 중요한 업무 20%에 시간을 집중투자하는 것이 효과적이다. 이때 중요한 점은 전체 업무 중 가장 중요한 작업을 식별하는 것이다. 이 접근법은 단순히 더 많은 일을 하는 것이 아니라, 올바른 일을 집중적으로 수행하는 것에 중점을 둔다. 제한된 시간과 자원을 어떻게 활용하느냐에 따라 전체 성과가 달라진다는 점에서 리비히의 '최소량 법칙$^{Liebig's}$ $^{Law of the Minimum}$'과 일맥상통한다. 농업에서 유래된 최소량 개념은 '성과가 제한 요소(최소량)의 영향을 가장 많이 받는다'는 것으로 시간 관리 측면에서 보면 '주어진 시간'이라는 제한된 자원을 어떻게 배분하는지가 성공에 큰 영향을 미친다는 점에서 파레토 법칙과 상호보완적인 개념이다. 즉, 중요한 20%에 집중하는 것은 리비히 법칙처럼 성과가 한정된 자원 중 가장 중요한 요소에 달려 있다는 점을 강조한다.

#4. GTD$^{Getting Things Done}$

데이비드 앨런$^{David Allen}$의 『쏟아지는 일 완벽하게 해내는 법^{Getting} $^{Things Done: The Art of Stress-Free Productivity}$』에 소개된 Getting Things Done (GTD) 방식은 체계적이고 실용적인 시간 관리 및 생산성 향상 방법론으로 널리 알려져 있다. 이 방법은 일과 삶에서 처리해야 할 작업을 외부 시스템에 기록하고 관리함으로써 뇌의 부담을 덜고 집중력을 유지하도록 설계되었다.

'인지 과부하 이론'에 따르면 뇌는 한 번에 많은 작업을 효율적으로 처리하지 못하기 때문에 외부에 정보를 기록하고 정리하는 것이 필요하다. 이를 통해 인지 자원을 절약하고, 더 중요한 결정에 집중

전환을 추진할 시간의 힘

GTD의 5단계 프로세스

단계	내용	예시
수집 (Capture/Collect)	머릿속에 떠오르는 모든 할 일, 아이디어, 약속 등을 신뢰할 수 있는 외부 시스템(종이 노트, 앱, 컴퓨터 등)에 기록	업무 관련 메모, 개인적인 약속, 프로젝트 아이디어 등
명확화 (Clarify/Process)	실행 가능한 일인지, 단순 참고 정보인지 구분, 실행 가능한 일이라면 구체적인 행동을 정의	"이 일을 다음 단계로 옮기기 위해 무엇을 해야 하는가?"
정리 (Organize)	처리된 항목들을 실행할 수 있는 카테고리나 맥락에 따라 정리	할 일을 프로젝트 목록, 일정에 넣거나 특정 작업 단계에 따라 나누고, 우선순위 결정
검토 (Reflect/Review)	정리한 '할 일'과 '프로젝트'를 주기적(주간, 월간 등)으로 검토	현재 진행 중인 프로젝트와 다음 할 일을 재점검하고, 필요한 경우 일정을 재조정
실행 (Engage/Do)	앞서 정리하고 우선순위를 설정한 일들을 실제로 실행	상황(Context), 시간(Time Available), 에너지(Energy Available)를 바탕으로 현재 가능한 일을 실행

할 수 있기 때문이다. 또한, 사람들이 작업을 신뢰할 수 있는 시스템에 기록하면 더 높은 생산성과 심리적 안정감을 갖게 된다. GTD 방식이 더 많은 작업을 처리하면서도 스트레스를 덜 느낄 수 있게 해주는 이유이다.

일거리

수집함

이것은 무엇인가?

실행할 행동이 있는가? ──아니요──→

휴지통

언젠가/아마도
(티클로 파일:
나중에 검토하기
위해 보류)

참고자료
(필요할 때 찾아볼
수 있도록 준비)

예

여러 단계가 필요한
프로젝트

프로젝트
(기획)

다음 행동은 무엇인가?

프로젝트 계획
(행동·검토)

2분 안에 처리할 수 있는 행동인가?

예   아니요

실행한다   위임한다   연기한다

대기 중
(다른 사람이 하도록)

일정표
(특정 시기에 실행)

다음 행동들
(가능한 한 빨리 실행)

　다양한 시간 관리 방법 중 자신에게 맞는 시간 관리 루틴을 만들어야 한다. 세계적으로 성공한 베스트셀러 작가 중 대다수가 각자의 일관된 루틴을 통해 창의성을 발휘하고 생산성을 높인다. 스티븐 킹 Stephen King은 매일 아침 8시부터 최소 6페이지(약 2,000 단어)를 작성

전환을 추진할 시간의 힘

하는 습관을 지키며 매일 규칙적인 시간에 앉아서 글을 쓰고, 그 과정에서 리듬을 유지하는 것을 중요시했다. 헤밍웨이$^{Ernest\ Hemingway}$는 하루 중 가장 조용하고 생산적인 시간을 아침으로 여겨 매일 새벽에 일어나 500단어에서 1,000단어 사이를 작성하는 루틴을 가지고 있었다. 일본의 유명한 소설가 무라카미 하루키$^{Haruki\ Murakami}$는 매일 오전 4시에 일어나 5~6시간씩 글을 쓰는 것은 물론 일정한 시간에 운동을 하고 독서를 하는 등 규칙적인 생활을 중요하게 여겼다.

특히 『미라클 모닝$^{Miracle\ Morning}$』의 저자 할 엘로드$^{Hal\ Elrod}$는 매일 아침 일어나 자신을 성장시키는 6가지 활동(S.A.V.E.R.S: 침묵, 확언, 시각화, 운동, 독서, 일기)을 60분 동안 실천한 루틴을 책으로 출간해 많은 이에게 영감을 주어 큰 성공을 거두었다.

유명 기업가들도 자신만의 고정된 루틴을 가지고 있으며, 이를 통해 복잡한 의사결정을 간소화하고 중요한 일에 집중한다. 스티브 잡스는 매일 아침 같은 시간에 일어나 명상을 하고, 하루를 시작하기 전에 "오늘이 내 인생의 마지막 날이라면 무엇을 할 것인가?"라는 질문을 통해 자신의 우선순위를 정했다. 아마존 CEO 제프 베이조스는 "제일 좋은 의사결정을 내리기 위해 오전에 가장 큰 에너지를 집중한다"며 중요한 미팅을 주로 오전에 배치해 가장 중요한 결정은 오전 중에 내리고, 나머지 시간은 상대적으로 덜 중요한 일에 할애하여 하루를 관리한다. 그는 매일 8시간의 수면과 충분한 휴식이

할 엘로드의 '미라클 모닝'을 위한 루틴

핵심 활동	활동의 목표
Silence (침묵)	명상을 통하여 마음을 평온하게 하고, 정신을 정리하며 명확한 목표 설정
Affirmations (확언)	자신에게 긍정적인 확신을 반복하여 스스로의 능력을 믿고 목표를 향한 동기부여 강화
Visualization (시각화)	자신이 이루고자 하는 목표나 미래의 성공을 생생하게 상상하여 목표를 이루고자 하는 동기 강화
Exercise (운동)	짧은 시간의 아침 운동으로 신체를 활성화하고, 하루 동안의 에너지를 높임
Reading (독서)	짧은 시간의 매일 꾸준한 독서로 지식과 통찰력을 넓힘
Scribing (일기 쓰기)	자신의 생각과 목표, 또는 감사한 일들을 일기나 노트에 기록하며 감정을 정리하고, 매일의 경험에서 배움을 얻음

그의 고효율적인 업무 루틴을 유지하는 데 큰 역할을 한다고 강조한다. 테슬라와 스페이스X의 CEO 일론 머스크 역시 효율적인 시간 관리에 철저하다. 그는 5분 단위로 일정을 계획하며, 이 시간 동안 자신이 해야 할 일을 정리하고 집중하여 실행한다. 머스크는 긴 회의보다는 짧고 집중력 있는 회의를 선호하는데, 그가 제시한 '5분 시간 관리 방식'은 최대한 많은 업무를 빠르고 효율적으로 처리할 수 있도록 도와준다.

지금까지 소개한 세계적인 작가 및 CEO들의 다양한 시간 관리 방

전환을 추진할 시간의 힘

법과 일관된 루틴은 하나의 공통점을 가지고 있다. 하루 중 가장 중요한 시간에 에너지를 집중함으로써 창의성과 생산성을 극대화하며 불필요한 결정에 에너지를 낭비하지 않는다는 것이다. 또한 이들은 유행이나 트렌드에 따른 루틴이 아닌, 자신의 목표와 성향에 맞는 맞춤형 시간 관리법을 만들어 실천했다. 누구나 각자 자신에게 맞는 루틴을 만들고 그것을 지속적으로 실천한다면 보다 높은 생산성과 성과를 기대할 수 있다.

효율성 높은 시간대는
따로 있다

하루의 1%는 14분 24초다. 이 짧은 시간이 사소해 보이지만 매일 꾸준히 사용해 한 달, 일 년이 쌓인다면 엄청난 차이를 만든다. 많은 사람이 같은 시간에 일하고, 비슷한 환경에서 생활하지만, 생산성과 집중력은 각각의 시간대에 따라 달라진다. 한 사람에게 매우 효율적인 시간대가 다른 사람에게는 그렇지 않을 수 있다.

대부분 바쁜 일상 속에서 시간이 없다고 한다. 그러나 자투리 시간은 언제나 존재한다. 출퇴근 시간, 점심시간, 잠들기 전 등 하루 곳곳에 숨어있는 자투리 시간을 어떻게 활용하느냐에 따라 개인의 생산성은 크게 달라진다. 물론 매시간, 매분, 매초를 헛되이 버리고 싶지 않다고 해서 언제나 시간에 쫓기고 정신없이 바쁘게 달려가는 삶이 효율적인 삶이라고 단정할 수 없다. 그보다는 시간을 아끼려는 이유가 무엇인지 알고, 자신에게 맞는 효율적인 시간대를 찾는 것이 중요하다. 다시 언급하지만, 모든 사람에게 하루는 똑같이 주어져도 효율성이 높은 시간대는 각기 다르다. 어떤 사람은 아침에 집중력이 높아 활용도가 향상되지만, 다른 이는 밤에 더 높은 효율을 보인다. 자기인식은 사람마다 다른 효율성이 높은 시간대를 명확히 이해하는 과정이며 이것은 메타인지를 통해 강화된다.

'메타인지'란 자신의 사고 과정을 인식하고 조절하는 능력으로 이를 통해 하루를 더 효과적으로 관리할 수 있다. 조직 심리학자인 타샤 유리크Tasha Eurich의 연구에 따르면 자기인식이 뛰어난 사람들은 아래 7가지 요소에서 남다른 통찰을 보인다.

'가치'는 삶을 어떻게 살아가고 싶은지에 대한 기본적 원칙이다. 삶의 전환 과정과 목표에 중요한 의미를 가지며 어떤 사람이 되고 싶은지를 정의하고 행동을 평가하는 기준이 된다. 벤저민 프랭클린Benjamin Franklin이 매일 실천을 점검했던 절제, 침묵, 질서와 같은 덕목은 가치의 좋은 예시다.

'열정'은 자신이 사랑하는 일에 몰입할 수 있는 요소로 성취감을 느끼게 하고 높은 성과를 끌어낸다. 어떤 활동을 할 때 시간 가는 줄 모르고 몰입하게 만드는 것이 바로 열정이다. 예를 들어, '무엇을 할 때 가장 즐거운가?'와 같은 질문을 통해 열정을 발견할 수 있다.

자기인식이 뛰어난 사람들의 7가지 요소

7가지 통찰 요소	생각을 촉진하는 질문
가치value (나를 이끄는 원칙들)	• 어려운 순간에도 지금의 나를 만들어 준 핵심 가치는 무엇인가? • 인생에서 가장 중요한 원칙은 무엇인가? • 결정을 할 때 가장 큰 영향을 미치는 가치는 무엇인가?
열정passion (사랑하는 일)	• 시간을 잊을 정도로 몰두할 수 있는 활동은 무엇인가? • 가장 큰 성취감을 느끼는 순간은 언제인가? • 나의 동기를 자극하는 것은 무엇인가?
포부aspiration (경험하고 성취하기를 원하는 일)	• 인생에서 가장 큰 성공을 어떻게 정의하는가? • 다른 사람들에게 영감을 주기 위해 이루고 싶은 것은 무엇인가? • 5년 후 내가 어떤 모습이기를 바라는가?
적합한 환경fit (행복하고 몰두하는 삶을 살기 위해 필요로 하는 환경)	• 가장 생산적이고 창의적일 때의 환경은 어떤 모습인가? • 에너지를 최대로 발휘할 수 있는 환경적 요소는 무엇인가? • 행복하고 몰두하는 삶을 살기 위해 필요한 환경은 어떤 것인가?
행동 양식pattern (일관된 사고, 감정, 행동 양식)	• 누군가 "당신은 어떤 성격의 사람입니까?"라고 물어보았을 때, 동물, 사물, 자연 등 무언가에 빗대어 묘사해 본다면? 그 이유는? • 나의 성격(행동, 감정패턴) 중 가장 만족하는 부분과 가장 불 만족스러운 부분은 무엇인가? • 성취를 이루었을 때의 행동과 느끼는 감정은 무엇인가?
반응reaction (역량을 보여주는 사고, 감정, 행동들)	• 비판을 받을 때 주로 보이는 반응은 무엇인가? • 스트레스를 받을 때 보이는 행동, 감정 반응은 무엇인가? • 내가 실패했을 때 나타나는 감정과 행동은 무엇인가?
영향력impact (타인에게 미치는 작용)	• 다른 사람들이 나의 행동에서 배우는 점은 무엇인가? • 팀이나 그룹(가정, 직장 등)에서 기여하는 가장 큰 부분은 무 엇인가? • 타인에게 미치는 영향 중 어떤 부분을 가장 중요하게 생각하 는가?

'포부'는 장기적인 목표와 야망을 나타내며 인생에서 성취하고 싶은 방향을 보여준다. '나는 무엇을 달성하고 싶은가?'보다는 '내가 인생에서 진정으로 원하는 것은 무엇인가?'를 묻는 것이 포부와 관련된 질문이다. 포부는 끊임없는 동기의 원천이다.

각자에게 '적합한 환경'을 이해하는 것은 높은 성과와 만족감을 이끌어내는 요소다. 업무 환경이나 역할이 자신에게 적합할 때, 적은 노력으로도 많은 성과를 낸다. '어떤 환경에서 행복하게 일할 수 있는가?'를 고민하는 것이 이를 인식하는 데 도움이 된다.

'행동 패턴'은 개인의 일관된 생각, 감정, 행동 방식으로 성격의 정의에 해당한다. 자신의 행동 패턴을 파악하면 스스로를 관리하고 필요한 변화를 쉽게 인식하고 개선할 수 있다.

'반응'은 특정 상황에서의 생각, 감정, 행동으로 개인의 능력을 드러낸다. 감정을 잘 조절하고 효과적으로 의사소통하며 문제를 해결하는 능력이 반응을 통해 나타난다.

'영향력'은 자신의 말과 행동이 타인에게 미치는 작용이다. 리더십을 발휘하고, 긍정적인 대인관계를 형성하며, 타인에게 긍정적인 변화를 이끌어내는 데 중요한 역할을 한다.

'자기인식'은 시간을 자원으로 전환할 수 있는 힘을 준다. 아인슈타인이 말한 것처럼 '매번 같은 행동을 반복하면서 다른 결과를 기대하는 것은 어리석은 일'이다. 변화와 성장을 위해 다른 선택을 해야 한다. 자투리 시간을 활용하는 것도 마찬가지다. 단순히 아무 생각 없이 시간을 소비하는 대신 짧은 시간에도 가치 있는 활동을 선택하는 것이 성장을 촉진한다.

자기인식을 통해 우리는 자투리 시간을 더 효과적으로 사용할 수 있게 된다. 하루 중 자투리 시간을 발견하고, 그 시간을 자기 계발에 활용하는 것은 결국 자신을 더 나은 방향으로 전환하는 도구가 된다. 성찰하고, 인식하며, 자투리 시간을 활용해 나아가는 작은 변화가 궁극적으로 큰 성공으로 이어진다. 많은 사람이 출퇴근 시간, 대기 시간 등을 무의미하게 보내지만, 그 시간을 활용하여 오디오북을 듣거나 짧은 학습활동을 통해 자기계발 활동에 투자할 수 있다. 자기인식을 통해 시간을 낭비하는 패턴을 파악하고, 그 시간대에 어떤 활동을 할 수 있을지 계획한다.

직장인 세찬 씨는 매일 아침 40분 동안 지하철을 타고 출근할 때 오디오북을 듣는 습관이 있다. 다른 사람들이 웹툰이나 게임을 즐기며 시간을 보내는 것을 이해하지만, 세찬 씨에게 있어 지하철은 그야말로 '이동식 도서관'이다. 업무시간이나 점심시간에 잠깐씩 여유 시간이 생기

전환을 추진할 시간의 힘

기도 하지만, 그때는 독서에 집중하기 어렵고 눈치도 보인다. 대신 아침 출근길 오디오북 청취를 통해 하루를 좀 더 길고 알차게 사용하는 것에 만족감을 느낀다.

세찬 씨처럼 다양한 앱이나 플랫폼을 이용하여 자투리 시간에 자기계발, 취미 생활 등의 활동을 할 수 있다. 또 밀리의 서재, 리디북스, 교보문고 전자책 등 오디오북을 포함한 독서 앱, 영어 회화 연습 등의 어학 학습 앱, 테드^{TED}, 세바시, 코세라$^{Coursera, edX}$, 유데미^{Udemy}의 인문학 강의, 웹툰, 웹소설, 음악 스트리밍, 간단한 퍼즐 게임이나 모바일 게임, 그날의 할 일 목록을 관리하는 To-do list, Notion 등의 앱을 통해 생산성을 높이거나 스트레스를 해소할 수도 있다. 자투리 시간의 활용은 하루의 흐름을 방해하지 않으면서도 지속적인 학습과 성장의 기회를 제공하는 중요한 방법이다.

많은 사람이 자투리 시간이 짧아서 큰 성과를 기대하기 어렵다고 생각하지만, 중요한 것은 그 시간을 어떻게 활용하느냐다. 작은 습관이라도 매일 반복한다면 꾸준한 성장이 가능하다. 하루에 10분씩 외국어를 꾸준히 공부한다면 일 년 뒤에는 그 언어에 대한 기본적인 회화를 익힐 수 있다. 점심시간 10분의 간단한 스트레칭을 통해 몸의 긴장이 완화되면 오후 집중력을 높일 수 있다. 또, 잠들기 전 15분

자투리 시간을 활용할 수 있는 유료 플랫폼

플랫폼	특징	URL
MasterClass	- 세계적인 전문가 및 유명인들(예: 스티븐 커리, 마거릿 애트우드)이 제공하는 고품질 온라인 강좌 - 예술, 스포츠, 요리, 경영 등 다양한 분야의 수업 제공	www.masterclass.com
Udemy	- 강사가 직접 강의를 업로드하고 판매하는 플랫폼 기술, 경영, 디자인, 취미 등 다양한 카테고리에서 수많은 강의를 저렴한 가격에 제공	www.udemy.com
Coursera	- 전 세계 명문 대학과 기업(예: 구글, IBM)에서 제공하는 직업 훈련 및 학문적 강의 - 인증서 과정 및 학위 프로그램까지 제공	www.coursera.org
Skillshare	- 크리에이티브 및 비즈니스 스킬에 중점을 둔 강의 디자인, 사진, 글쓰기, 마케팅 등 창작자와 전문가들이 제작한 콘텐츠 중심	www.skillshare.com
LinkedIn Learning	- 링크드인에서 제공하는 직무 역량 강화를 위한 강의 비즈니스, 기술, 소프트 스킬 등 다양한 분야에서 전문가들이 제작한 교육 콘텐츠 제공	www.linkedin.com/learning
Domestika	- 크리에이티브 분야에 특화된 온라인 학습 플랫폼 디자인, 일러스트, 수공예, 사진 등 다양한 창작 활동에 필요한 기술을 배울 수 있는 콘텐츠 제공	www.domestika.org
Khan Academy	- 학문적 주제를 무료로 제공하는 비영리 교육 플랫폼 수학, 과학, 경제 등 다양한 학문 분야에서 자투리 시간을 활용한 학습 가능	www.khanacademy.org
FutureLearn	- 영국의 대학들과 함께하는 강좌 - 디지털 기술, 역사, 의료 등 다양한 분야의 무료 및 유료 과정 제공	www.futurelearn.com
edX	- 하버드, MIT 등 명문 대학의 강의 - 학문적 수업부터 직업 훈련까지 다양한 주제의 강의를 제공하며, 인증서 및 학위 과정도 가능	www.edx.org

전환을 추진할 시간의 힘

동안 내일의 할 일 목록을 작성하거나 하루를 돌아보는 메모를 작성한다면 다음날 더 체계적이고 목표 지향적인 하루를 보낼 수 있다. 이러한 일상적인 노력은 그 자체로 시간을 더 효율적으로 사용하게 만들며 큰 목표에 근접하게 해 준다. 그러기 위해 가장 먼저 자신이 어디에서 자투리 시간을 만들 수 있는지를 파악해야 한다.

지민 씨는 세일즈 매니저로 고객과의 미팅 사이에 자주 대기 시간을 갖게 된다. 대기 시간은 10분에서 30분까지 매우 불규칙하지만, 그녀는 이 시간을 최대한 유용하게 사용하기 위해 To-Do List와 Notion 같은 앱을 활용한다.
대기 시간 동안 오늘 해야 할 일들을 다시 한번 정리하고, 우선순위를 재조정하며 고객과의 미팅 내용을 빠르게 기록한다. 또한, 긴급한 이메일 답장도 자투리 시간을 이용해 업무 효율을 높인다.

지민 씨는 자투리 시간을 활용해 일정을 조정하고, 중요한 업무를 효율적으로 처리한다. 덕분에 더 적은 시간을 들여 많은 일을 해낸다. 시간을 아낄 수 있는 건 그들이 많은 요령을 알고 있기 때문이 아니라, 시간을 아끼고자 하는 이유와 우선순위가 존재하기 때문이다. 우선순위와 목적의식이 뚜렷한 시간 관리가 진정한 '시간의 전환'이다. 놓치기 쉬운 자투리 시간을 의식적으로 활용해야 새로운 기회를 발견한다. 이는 남는 시간을 메우는 것이 아닌 지속적인 발전을 위한 중요한 도구로 작용한다.

『나의 하루는 4시 30분에 시작된다』의 저자 김유진 변호사는 매일 새벽 4시 30분에 일어나 책을 읽고, 외국어를 공부하며 출근 전까지 최대한 시간을 활용한다. 법조인으로서 바쁜 업무에도 불구하고 매일 규칙적으로 자신만의 시간을 확보해 자기계발에 투자하는 모습을 통해 미래를 위해 시간을 활용하는 것이 얼마나 중요한지를 몸소 보여준다. 이런 방식으로 자신만의 자투리 시간을 활용하는 사람들은 시간 부족을 핑계로 자기계발을 멈추지 않고, 오히려 시간을 가장 효과적으로 사용할 수 있는 방법을 찾아낸다. 또 온전히 자신에게 집중하며 생각하는 시간을 통해 지친 마음을 위로하고, 다시 시작할 수 있는 에너지를 채운다. 규칙적인 자기계발 시간은 심리적 안정과 만족감을 유지하며, 과도한 스트레스 없이 일과 삶의 균형을 맞출 수 있다.

뇌 과학 연구에서도 휴식과 재충전이 보상되면 도파민과 세로토닌 분비가 촉진되어 집중력과 업무 효율성이 향상됨을 증명하였다. 때로는 잠시 업무에 관한 고민은 잊고, 동네 주변을 산책하거나 글쓰기 모임에 참여하는 등 일상에서 자유로운 시간을 갖는 것, 더 나아가 디지털 기기로부터 자유로워지는 '디지털 디톡스'를 실천하는 것도 좋은 방법이다. 이렇게 자기 치유와 회복의 시간을 가지면 새로운 활력과 에너지를 얻을 수 있다.

전환 자원의 시간은 단순히 물리적으로 시간을 쪼개어 쓰는 것 이상의 의미를 가진다. 이는 삶을 더 나은 방향으로 이끌기 위한 전략적인 과정이다. 그 과정의 핵심은 시간의 성격을 바꿀 수 있는 유연함과 자기 주도성이다. 효과적인 시간 관리 방법은 고정된 규칙이 아니라 변화하는 환경과 상황에 따라 지속적으로 조정되어야 한다. 새로운 업무가 생기거나 생활 패턴이 바뀌었을 때 다시 자신의 루틴을 점검하고, 효율적인 시간대를 재조정하는 것이 핵심이다.

하루의 1%만 바꾸더라도 인생이 전환될 수 있다. 자투리 시간을 적절히 활용해 더 큰 목표를 향해 나아가고, 꿈을 현실로 만드는 과정은 이렇게 작은 변화에서 시작된다. 그리고 이 작은 변화가 결국 삶을 근본적으로 바꾸는 힘이 된다.

결국, '시간 관리'란 고정된 틀에 자신을 맞추는 것이 아니라, 끊임없이 변화하는 상황 속에서 유연하게 적응하며 최고의 효율성을 찾아가는 과정이다. 이러한 노력이 쌓일 때 비로소 우리는 한정된 시간을 최대한 활용하여 전환을 이룰 수 있다.

잘 관리된 시간은
새로운 기회로 전환된다

시간 관리가 중요한 이유는 한정된 자원으로 창의적 성과를 생산해야 하기 때문이다. 특별한 관리가 없다면 사소한 일들에 밀려서 중요하고 긴급한 일들을 처리할 시간 여력이 없어진다. 효과적인 시간 관리를 위해서는 목표와 우선순위를 명확하게 설정하고, 집중력을 발휘하거나 시간 관리를 도와주는 도구를 활용해야 한다.

피터 드러커는 "가장 중요한 것은 시간을 기록하는 것이며, 이는 변화를 시작하는 유일한 방법"이라고 했다. 시간을 지혜롭게 기록하고 관리하는 것은 미래의 기회를 만들기 위함이다. 변화를 탐지하고 변화에 대응하고 기회로 활용하는 자는 성공적인 삶의 기초를 확보했다고 볼 수 있다. 전환을 위해서 지속해서 사고와 관계, 도구들을 바꿔 나가면서 시간을 새로운 기회로 만들어야 한다. 흩어지는 시간을 모아 가치 있고 효과적인 시간 자원으로 만들기 위해서는 기

전환을 추진할 시간의 힘

◆

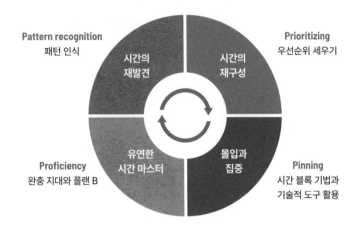

회 창출 전략이 필요하다.

 시간을 계획하고 업무의 중요도를 선정한 뒤 그 일에 집중하기 위한 기회 창출 전략으로 '시간 관리 프로세스 4P'를 제안하고자 한다.

1P. 시간의 재발견: Pattern recognition(패턴 인식)

첫째, 자신에게 주어진 시간과 업무를 일목요연하게 정리한다.

앞서 피터 드러커의 말처럼 자신의 일상에서 기존 시간 사용 패턴을 분석하는 것이 중요하다. 먼저 하루 동안 시간을 어디에 많이 쓰고 있는지 일주일 정도 기록해 본다. 기록은 기존의 시간 사용 패턴을 인식하기에 유용하다. 메모하는 습관을 통해 빠뜨리는 일이 없도록 확인하고 시간 배분을 기획할 수 있다. 소셜 미디어, 불필요한 회의, 비효율적인 업무 처리 등 시간을 빼앗는 요소를 찾아보자. 메모하고 그려가며 시간 낭비 요소들을 식별해 낸다. 시간을 자원으로 활용하지 못하는 사람들은 흔히 '시간이 없다'라는 말로 숨 가쁘게 살아간다. 그들의 일상을 따라가 보면 주로 중요한 일보다는 사소한 일에 시간을 낭비하고 있음을 알 수 있다.

반면, 시간을 자원으로 활용하는 사람들은 시간을 소중한 자산으로 인식하고 효율적으로 관리한다. 단순히 시간을 쪼개어 사용하는 것이 아니다. 그들은 마치 예술가가 캔버스 위에 그림을 그리듯 시간이라는 캔버스 위에 자신만의 삶을 디자인할 줄 안다.

이와 같은 '시간 기록하기'는 사고 전환 훈련에서 기억이 아닌 기록된 생각이 차이를 만든다는 내용과도 연결된다. 단지 기억 속의 생각이 빠르게 사라지듯 기록되지 않은 시간은 크로노스(인간의 시간)에서 카이로스(신의 시간)로 전환되지 못하고 계절처럼 의미 없이 흘러간다. 시간의 재발견은 기록된 시간에서 비로소 시작된다.

전환을 추진할 시간의 힘

2P. 시간의 재구성: Prioritizing(우선순위 세우기)

다음 단계는 '우선순위^{Priority} 정하기' 단계이다. 업무에 대해서 일종의 그룹핑^{grouping}을 함으로써 분류하는 단계를 말하는데, 중요도에 따른 분류나 같은 속성으로의 분류, 요일 배분에 따른 분류 등을 포함한다. 시간을 재구성할 수 있다는 것은 현대 사회를 살아가는 데 필수적인 능력이다. 우리는 매일 다양한 업무와 개인적인 일들 사이에서 어떤 일을 먼저 해야 할지 고민하게 된다. 이때 우선순위를 세우는 것이 중요하다. 예를 들어, 직장인이 주간 업무를 계획할 때, 긴급한 프로젝트 마감일이 다가오면 해당 업무를 최우선으로 두고, 두 번째 우선순위로 팀 회의 준비를, 이메일 답변과 같은 업무를 마지막 우선순위로 분류할 수 있다. 이처럼 중요도와 효율 시간대를 고려하여 우선순위를 정립하는 것이 필요하다.

일괄처리 기법을 활용하면 더욱 효율적으로 시간을 관리할 수 있다. 예를 들어, '스프린트^{Sprint}' 방식을 도입하여 특정 요일에 집중적으로 업무를 처리하는 전략이 있다. 구글은 매주 금요일에 팀원들이 모여 프로젝트에 대해 전력 질주하는 시간을 갖는다. 이처럼 특정 시간에 집중하여 작업을 완료하면, 업무의 흐름이 매끄러워지고 집중력이 향상된다. 일본의 경제학자 오마에 겐이치의 말처럼 정글이나 비포장도로에서도 전력으로 질주할 수 있는 본질은 '선택과 집중'에 있다. 어떤 창업가는 초기 자원이 부족한 상황에서도 가장 중요한 고객의 요구를 충족시키기 위해 제품 개발에 집중했고, 이를 통해 고객의 피드백을 빠르게 반영하며 시장에서 경쟁력을 갖출 수 있었다.

이와 같은 사례들은 우리가 어떻게 살아가야 할지, 길이 없는 상황에서 어떻게 빠져나가야 할지에 대한 해답을 준다. 가장 중요한 활동에 집중하기 위해 업무와 개인 생활의 우선순위를 새롭게 설정하는 과정은 시간 사용을 효율적으로 재구성하는 데 큰 도움이 된다. 결국, 이러한 시간 관리 능력은 더 나은 삶을 위한 기초가 된다.

3P. 몰입과 집중: Pinning(시간 블록 기법과 기술적 도구 활용)

세 번째 단계는 집중하여 업무를 처리하는 '고정하기' 단계이다. 이 단계는 시간을 묶어두고 고정하여 집중하는 방법으로 앞서 소개한 다양한 시간 관리 기법들을 활용할 수 있다. 이를 통해 우리는 주어진 시간을 효율적으로 사용하고, 업무의 생산성을 극대화할 수 있다.

특히, 시간 블록 기법은 이 단계에서 매우 유용하다. 이 기법은 하루를 구획하여 특정 시간 동안 중요한 업무에 집중할 수 있는 시간을 확보하는 방식이다. 예를 들어, 오전 9시부터 11시까지는 프로젝트 A에 전념하고, 11시부터 12시까지는 이메일 처리 및 팀 회의에 할애하는 식으로 일정을 설정할 수 있다. 이렇게 하면 각 업무에 충분한 집중력을 발휘할 수 있으며, 중간에 다른 업무로 인해 방해받지 않게 된다.

전환을 추진할 시간의 힘 ◆

또한, 생산성을 높일 수 있는 앱이나 기술적 도구들을 활용하는 것도 효과적이다. 포모도로 타이머 앱을 사용하여 정해진 시간 동안 집중하고, 짧은 휴식을 가지는 '포모도로 기법'을 적용할 수 있다. 앞에서 설명하였듯이 25분 동안 집중하고 5분간 휴식하는 방식으로, 집중력을 유지하면서도 피로를 최소화한다. 일정 관리 소프트웨어나 구글 캘린더 등을 활용하면 업무의 우선순위를 시각적으로 정리하고, 마감일을 놓치는 일을 방지할 수 있다.

이러한 도구들은 우리가 목표를 향해 나아가는 데 큰 도움이 된다. 예를 들어, 어떤 마케팅 전문가는 시간 블록 기법과 일정 관리 소프트웨어를 결합하여 매주 월요일에 전체 주간 계획을 세우고, 각 업무에 필요한 시간을 미리 할당했다. 이에 따라 매일의 업무를 보다 체계적으로 관리할 수 있었고, 결과적으로 프로젝트의 성과를 높일 수 있게 되었다.

결국 '고정하기' 단계는 단순히 시간을 관리하는 것을 넘어 우리의 집중력을 극대화하고 생산성을 향상하는 중요한 과정이다. 이러한 기법을 통해 우리는 업무의 효율성을 높이고 더 나아가 삶의 질을 개선할 수 있다. 시간을 효과적으로 고정하고 집중함으로써 우리는 목표를 더 확실하게 이룰 수 있는 기반을 마련하게 될 것이다.

4P. 유연한 시간 마스터: Proficiency(완충 지대와 플랜 B)

마지막으로 시간을 마스터하고 새로운 기회로 전환하는 '숙달하기Proficiency' 단계이다. 이 단계에서는 시간을 효과적으로 관리하여 개인의 성장과 목표 달성을 위한 기반을 마련하는 것이 중요하다. 먼저 작은 변화에서 시작한다. 하루에 10분이라도 생산적인 활동이나 새로운 습관을 들이는 것으로 시작해 보자. 이러한 작은 변화가 쌓여야 큰 변화를 이끌어낼 수 있다. 매일 아침 일찍 일어나 독서나 운동하는 습관을 들이면, 시간이 지나면서 자연스럽게 더 많은 생산성을 발휘할 수 있다. 마치 어렸을 적 양치하는 습관을 잘 들여놓으면 양치질하는 것이 자동화되듯이 말이다.

다음으로는 현재의 시간 사용 방식이 미래의 목표와 어떻게 연결되는지 재평가해야 한다. 자신의 목표를 명확히 하고 시간 사용이 그 목표에 얼마나 기여하고 있는지를 분석하는 것이 필요하다. 이를 통해 불필요한 활동을 줄이고 중요한 활동에 더 많은 시간을 할애한다. 즉, 현재와 미래의 시간 가치를 비교하는 것이다. 정기적으로 자신의 시간 관리 방식을 점검하고 평가하는 것도 필요하다. 무엇이 잘 작동하고 있는지, 어떤 부분에서 개선이 필요한지를 파악하라. 이러한 자기 평가는 지속적인 성장과 발전의 기초가 된다.

변화에는 항상 유연함이 필요하다. 계획이 어긋나는 상황에서도 스트레스를 줄이고 조정할 방법을 마련해야 한다. 예를 들어, 예상치 못한 일이 생겼을 때를 대비해 일정에 여유 시간을 두는 것이 좋다.

일종의 '버퍼 시스템$^{Buffer System}$'을 준비하라. 이러한 완충 지대에는 '플랜 B'가 있어야 한다. 시간이 흐름에 따라 사람의 목표와 우선순위는 변할 수 있으므로 이러한 변화가 지속되려면 유연성을 가지고 주기적으로 시간 관리를 업데이트하는 것이 중요하다. 정기적으로 목표를 재평가하고, 필요에 따라 계획을 조정해 보라. 시간을 다르게 사용함으로써 우리는 지금보다 더 나은 자신으로 성장할 수 있다.

실천에 옮길 때 활력을 주는 To Do List

능동적인 시간 관리로 시간을 자신의 자원으로 전환한 사람들의 특징을 좀 더 구체적으로 살펴보자. 시간을 잘 관리하는 사람들의 특징을 보면 우선 그들은 무엇이 가장 중요한 일인지 파악하고, 자잘한 일은 포기할 줄 안다. 우선순위를 명확히 설정하고, 중요한 일부터 처리한다. 일, 주, 월 단위로 단기적, 장기적 시간 계획을 세우고, 이를 지키려고 노력한다. 정해진 루틴을 지키고 불필요한 활동이나 업무를 줄여 집중력을 높인다. 중요한 일에 집중하고 몰입하는 능력이 뛰어나서 시간 낭비를 줄인다. 예상치 못한 상황에 유연하게 대처하고, 계획을 수정할 줄도 안다. 또한 충분한 휴식을 취하여 업무 효율을 높이는 시간의 소중함을 안다. 시간 관리 책을 읽거나 관련 교육 프로그램에 참여하여 시간 관리 능력을 향상한다. 이를 정리하면 다음과 같다.

시간을 잘 관리하는 사람들의 특징

☑ **우선순위를 명확히 설정한다** : 무엇이 가장 중요한 일인지 파악하고, 중요한 일부터 처리한다.

☑ **시간 계획을 세우고 실천한다** : 일, 주, 월 단위로 시간 계획을 세우고, 이를 지키려고 노력한다.

☑ **시간 도둑을 제거한다** : 불필요한 활동이나 업무를 줄이고, 집중력을 높여 시간 낭비를 줄인다.

☑ **유연하게 계획을 조정한다** : 예상치 못한 상황에 유연하게 대처하고, 계획을 수정할 줄 안다.

☑ **휴식을 중요하게 생각한다** : 업무 효율을 높이는 충분한 휴식 시간의 소중함을 안다.

☑ **자기계발에 투자한다** : 시간 관리 관련 책을 읽거나, 관련 교육 프로그램에 참여하여 시간 관리 능력을 향상한다.

시간을 자원으로 전환한 사람들은 단순히 시간을 관리하는 것을 넘어, 삶 전체를 관리하는 능력을 갖추게 된다. 이들은 시간을 통해 자신을 성장시키고 꿈을 향해 나아가며 더 나은 삶을 만들어 나간다.

시간은 흘러가는 것이 아니라 우리가 만들어가는 것이다. 시간을 어떻게 활용하느냐에 따라 우리의 삶은 완전히 달라질 수 있다.

아래와 같은 체크리스트를 통해 시간 관리 전략을 개선할 수 있는 방법을 제시한다.

시간 관리를 개선하는 방법

- ☑ **시간 기록** : 하루의 시간을 어떻게 사용하는지 기록하여 시간 사용 패턴을 분석한다.
- ☑ **시간표 작성** : 일과를 미리 계획하고 시간표를 작성하여 시간을 효율적으로 활용한다.
- ☑ **멀티태스킹 지양** : 한 번에 하나의 일에 집중하여 업무 효율을 높인다.
- ☑ **디지털 기기 사용 관리** : 스마트폰, 컴퓨터 등 디지털 기기 사용 시간을 제한하고, 집중력을 방해하는 요소를 차단(디지털 디톡스)한다.
- ☑ **주변 환경 정리** : 깔끔하고 정돈된 환경에서 일하면 집중력이 향상된다.

아이러니하게도 시간 관리 습관을 형성하기 위해서는 꾸준한 노력과 시간 투자가 필수적이다. 습관은 하루아침에 바뀌지 않기 때문에 작은 변화부터 시작하여 점차 개선해 나가는 것이 좋다. 그리고 주변 사람들과 함께하라. 가족, 친구, 동료들과 함께 시간 관리 목표를 설정하고 서로를 응원하며 노력하면 더욱 효과적일 것이다.

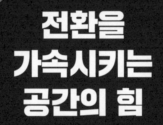

전환을
가속시키는
공간의 힘

공간의 변화는 이미
우리 곁에서 진행되고 있다

"미래는 이미 이 세상에 와 있다. 단지 널리 퍼져 있지 않을 뿐이다."

— 윌리엄 깁슨, 『뉴로맨서』의 저자

찰스 다윈Charles Darwin은 『종의 기원The Origin of Species』에서 인간과 자연을 이해하는 혁명적인 관점을 제시했다. 제각기 다른 환경의 갈라파고스 제도에서 살아가던 다양한 부리 모양의 핀치새들을 관찰한 뒤 '적자생존Survival of the fittest'과 '자연선택Natural selection'이라는 개념을 발견했다. 그리고 우리가 현재 '진화Evolution'라고 알고 있는 용어 대신에 '변형 혈통Descent with modification'이라고 표현했다. 당시에는 진화를 결정짓는 유전자DNA의 존재가 밝혀지지 않았던 때였다. 작은 핀치새는 거주환경과 특히 먹이를 먹기 위한 부리의 변형 Modification을 거쳐 거대한 자연환경에 적응하고 살아남았다.

인간도 다른 동물들과 마찬가지로 자신을 둘러싼 자연환경에 적응하면서 살아왔다. 이 과정에서 다윈이 표현한 것처럼 자신을 둘러싼 공간에 최적화된 '변형'의 과정을 거쳐왔다. 다만, 인간의 경우 주어진 공간에 수동적으로 적응하는 수준에서 그치지 않았다. 도구와 기술의 힘을 통해 주변 환경을 통제하거나 변형시키는 수준까지 이르렀다. 이러한 활동은 산업사회를 거치면서 극대화되었다. 현대 사회에서는 오히려 인간의 활동으로 인해 지구온난화가 가속화되면서 자연환경을 훼손하고 망가뜨리는 주범이라는 지적을 받는 수준에까지 이르렀다.

이처럼 사람들은 다윈이 언급했던 변형에 그치지 않고 주어진 환경과 공간을 자신에게 맞게 적극적으로 변형시키는 활동을 지속해왔다. 이후로 살펴보겠지만 21세기에 들어 우리를 둘러싼 공간은 훨씬 더 빠르고 복잡하게 변화하고 있다. 이러한 공간의 변화에 적응하기 위해서는 행동과 정체성의 변형, 그 이상의 더 광범위한 전환(shift와 transition)이 필요하다.

코로나 팬데믹은 일터 개념을 재정의했다

21세기 들어서 우리가 일하는 방식과 공간의 개념을 크게 변화시킨 결정적 사건은 코로나 팬데믹이다. 우리는 "코로나 팬데믹이 우리가 10년 동안 변화할 것을 단 10개월 만에 변화시켰다", "우리는 이번 팬데믹을 통해 원격 근무와 비대면 업무의 잠재력을 처음으로 실질적으로 경험했다. 앞으로도 이 방식은 계속해서 우리의 삶에 영향을 미칠 것이다", "코로나 팬데믹은 우리가 어디서, 어떻게 일해야 하는지를 완전히 재정의했다. 이는 일터의 미래를 향한 변곡점이 된다"라고 이야기하는 경영자들의 인터뷰를 수없이 많이 접했다. 비단 일상생활뿐만 아니라 일터에서 일하는 방식이나 조직 문화 등에까지 코로나 팬데믹은 큰 영향을 미쳤다.

이로 인해 크고 작은 많은 기업이 한동안 원격 근무^{Remote Work}를 시행할 수밖에 없었다. 그리고, 원격 근무와 더불어 하이브리드 방식의 업무 모델이 널리 퍼지게 되었다. '하이브리드 업무 방식'이란 사무실 출근과 원격 근무를 병행하며, 직원들이 유연하게 공간과 시간을 조정해 업무를 수행하는 근무 형태이다. 세계 34개 국가 직장인을 대상으로, 재택근무에 관한 서베이^{Work From Home(WFH) Survey}에서 발표한 '2023년 글로벌 재택근무 실태 보고서'의 내용에 따르면 2023년 4월~5월 사이 25.6%의 직원들이 하이브리드 근무 형태로 일했다. 미국 기업들은 하이브리드 근무 도입이 67%로, 일반적인 사무실 출퇴근 근무 패턴인 33%보다 2배가량 높았다.

적지 않은 기간 동안 원격 근무를 경험한 기업과 구성원들의 원격 근무에 대한 인식은 크게 달라졌다. 출퇴근 시간 절약으로 인한 일과 삶의 균형, 인재 유치 및 고정비 감소로 인한 비용 절감 등 여러 가지 강점들이 있었다.

물론, 조직 문화 공유의 어려움, 직접 소통의 감소로 인한 팀워크 약화, 신규 입사자들의 부적응 등의 단점도 존재했다. 일부 회사는 이와 같은 이유로 여전히 원격 근무에 대해 비효율적이라는 평가를 하고 있다. 그런데도 자율적인 조직 문화를 가진 스타트업이나 기업들을 중심으로 원격 근무나 하이브리드 방식의 근무 형태에 대해 긍정적인 태도를 가진 직장인이 늘어나고 있다. 이런 외부 환경의 변화들이 쌓여 공간에 관한 조직 구성원들의 인식과 태도에도 급격한 변화가 일어났다.

다양한 IT 도구들을 사용하여 생산성을 높이는 일에 관심이 많은 직장인이 자발적으로 모인 작은 규모의 커뮤니티가 있었다. 코로나 팬데믹이 터지면서 이 커뮤니티의 구성원들도 각자의 방식으로 재택근무를 해야만 했다. 이 멤버들은 몇 개월 동안의 재택근무 경험을 글과 사진으로 정리하여 간단한 책자를 만들어 무료로 배포했다. 이 책자는 동일한 몇 가지 질문에 글과 사진 등으로 답변하는 구성으로 만들어졌다.

셀프 인터뷰에 참여한 한 멤버의 재택근무 책상 사진

이 책자의 핵심 제시어는 "나에게 재택근무는 ○○○이다"였다. 이에 대한 멤버들의 답변들은 다양했다. '디지털 노마드', '뉴노멀', '다양성의 확장', '워라밸', '워러밸', '익숙함', '슬기로운 라이프' 등이었다. 그리고 특히 '코로나 이후에도 재택근무가 필요한가?'라는 질문에는 대다수의 멤버들이 긍정적인 답변을 내놓았다.

"나에게 재택근무는 ＿＿＿＿＿＿＿＿＿＿＿＿＿다."

당신도 빈칸에 당신의 생각을 적어보고, 각기 다른 일을 하는 지인 몇 명에게 질문해 본 뒤 의견을 들어보자. 이미 재택근무나 하이브리드 업무 방식에 익숙해졌고, 이러한 일터 환경의 변화를 받아들이며 일하는 방식의 전환을 경험하고 있는 지인들을 어렵지 않게 만날 수 있다.

코로나 팬데믹 이전에도 '디지털 전환'은 우리 사회의 트렌드이자 유행어였다. 하지만, 코로나 팬데믹으로 인해 사회 각층의 다양한 분야에서 디지털 전환이 가속화되었다. 업무를 비롯한 일상생활이 비대면 방식으로 이루어지다 보니 이러한 활동들의 많은 부분에서 IT 기술의 도움이 절실했다. 기업들은 기존에 수행하던 사업의 연속성을 보장하기 위해 클라우드 컴퓨팅, 온라인 협업 도구, 사이버 보안 등 디지털 인프라에 대한 투자를 늘려야 했다. 이러한 투자로 인해 디지털 전환을 위한 기반이 강화되고, 관련 기술은 빠른 속도로 발전하기 시작했다.

직장 내 업무를 위한 상호작용 방식은 물리적인 대면에서 온라인 플랫폼을 통한 가상 방식으로 변화했다. 이에 따라, 기업들은 일하는 방식으로부터 시작해 직장 내에 존재하는 다양성과 포용성에도 더 신경을 쓰게 되었다. 예를 들어 줌^{Zoom}이나 슬랙, MS 팀즈$^{Microsoft Teams}$와 같은 협업 도구가 급격히 보급되면서 오프라인 미팅을 기본으로 여기던 고정관념이 사라지기 시작했다. 그에 따라 시간과 장소에 상관없이 원격으로 미팅을 진행하며 효율성이 높아졌다. 자연스럽게 기업 내 소통 방식이 훨씬 더 수평적으로 변했고, 팀원들 간의 협업 방식도 더 유연해졌다. 또한 직장 내의 상호작용이 보다 개인화되고, 조직 구성원들의 심리적 안전감을 최대한 보장하는 방향으로 조직 문화가 달라지기 시작했다.

이처럼 코로나 팬데믹으로 인해 우리가 기존에 당연하게 여겼던 업무 공간의 개념이 무너지거나 바뀌게 되었다. 그리고 꼭 물리적 공간이 아니더라도 각자 개인화된 공간이나 비대면 온라인 공간, 더 나아가 메타버스와 같은 가상공간을 자연스럽게 받아들이고 재발견하는 일들이 벌어졌다. 그렇게 새로운 공간 속에서 살아남기 위해 스스로를 전환하는 경험을 하게 되었다.

빠르고 쉬운 공간의 이동은
새로운 변화와 환경을 만든다

2004년 4월에 개통된 KTX는 우리나라를 2시간 생활권으로 묶어 사람들의 삶을 크게 바꿔놓았다. 지난 20년 동안 누적 이용객이 10억 5천만 명을 넘어섰고, 이 인원은 우리나라 5천만 국민이 한 사람당 20번 이상 탄 것과 맞먹는 숫자이다. 경부선을 시작으로 호남선, 전라선, 강릉선, 중앙선, 중부 내륙선까지 전국을 거미줄처럼 연결하는 대표적인 교통수단의 반열에 올라섰다. 서울에서 KTX를 타면 부산까지 2시간 남짓 소요되어 국내 어디든 반나절이 안 되는 시간에 도착할 수 있다. KTX는 출장뿐만 아니라 출퇴근 시에도 이용하는 일상생활의 필수 교통수단이 되었다. 이와 같은 고속철도는 이동 수단에 속도 혁명을 일으켰을 뿐 아니라 경제, 사회, 교육 등 우리의 일상과 문화를 바꾸는 기폭제 역할도 톡톡히 했다. 또한 쉽고 빠른 이동수단으로 인해 지방 도시의 산업 발전과 인구의 수도권 집중을 분산시킬 수 있을 것이라는 기대도 있었다.

하지만, 반대로 '빨대 효과'라는 부작용도 심각하다. 고속철도로 인해 오히려 대도시 집중 현상을 가속하기도 한다. 병세가 위중한 지방 거주자들이 더 나은 치료를 위해 고속철도를 타고 대형 병원을 찾는다. 또한, 입시 경쟁에서 뒤처지지 않으려고 지방의 학생들이 고속철도를 이용해 대치동 학원가를 찾는다.

이처럼 공간 사이를 쉽고 빠르게 이동할 수 있게 됨에 따라 새로운 유형의 공간 이용 형태가 나타나고 있다. 직업 특성상 여러 지역을 방문하면서 업무를 하는 프리랜서는 고속철도 같은 교통수단으로 이동과 동시에 업무를 처리하기도 한다.

이와 같은 업무 형태의 일환으로 워케이션Workation에 대한 관심이 커지고 있다. 해외와 국내 상관없이 인터넷만 연결되어 있다면 일정 주기로 공간을 옮기며 다양한 국적과 인종, 언어를 가진 사람들과 네트워킹 및 협업을 진행하는 사람들도 많아졌다.

점유보다 접속이 중요한 시대가 왔다

국토 용어 해설에 따르면 '공간Space'은 추상적, 물리적인 속성을 가진다. 그에 반해 '장소Place'는 문화적, 지역적인 것을 통한 맥락적인 의미가 있는 개념으로 구분된다. 공간이 거리, 방향, 위치 등의 정량적인 것이라면, 장소는 인간의 눈과 마음, 태도와 가치를 통해 정성적인 형태로 나타난다. 장소는 개인의 체험을 통해 공간에 가치를 부여함으로써 비로소 형성되는 것이다.

인간이 살아가는 장소인 공간은 20세기까지는 교통수단에 의해 연결되었고, 소유나 점유의 대상이자 자원으로 기능했다. 21세기 들어 공간 인식의 가장 큰 변화는 디지털 혁명이다. 이를 통해 사람은 '시간과 공간'이라는 물리적 속성의 제한에서 벗어나 새로운 영역을 무한히 확장할 수 있게 되었다.

인류가 지금까지 경험해 온 공간은 대부분 자연환경이라고 할 수 있는 물리적 공간이었다. 이제는 디지털 기술의 발달로 시·공간이 통합된 사이버 세상, 인터넷으로 전 세계가 연결되어 융합된 세상으로 바뀌었다. 옆집 사람과 대화하는 시간보다 다른 지역이나 국가에 있는 누군가와 연결되어 대화하는 시간이 훨씬 많은 경우가 일상이 되었다.

이런 새로운 공간에서 활동하는 사람은 '디지털 노마드'라고 불리는 신인류다. '노마드Nomad'는 사전적 정의로 '한곳에 정착하지 않고 떠돌아다니는 유목민, 유랑자'를 의미한다. 프랑스의 철학자 질 들뢰즈Gilles Deleuze가 그의 저서 『차이와 반복Différence et répétition』(1968)에서 노마드의 세계를 언급하면서 자리 잡은 용어이다. 우리나라에서는 장소와 시간에 구애받지 않고 디지털 기기를 활용하여 일하고 생활하는 자유로운 사람을 칭하는 '디지털 노마드'라는 광고문구로 사람들에게 익숙해졌다.

　'유목주의'라는 뜻을 지닌 '노마디즘'은 21세기 현대인들의 사유 체계와 생활방식 변화 등을 설명할 수 있는 중요한 키워드가 되었다. 잡 노마드, 디지털 노마드 등 다양한 현대 사회의 노마드들은 삶에 대해 능동적이고 진취적인 자세를 가지고 복합적인 정체성을 형성해 나간다. 노마디즘은 한 장소에 뿌리내리지 않고 떠돌아다니는 공간적인 이동의 유목적인 생활 방식에, 특정한 삶의 가치나 방식에 얽매이지 않고 자신이 추구하는 바를 행동으로 옮기는 유목적인 사유를 포함한다. 다양한 형태와 방식으로 사람들이 관계를 맺자, 공간도 이에 따라 속성이 달라졌다. 이전에는 고정되거나 소유되는 관점이었다면 지금은 목적에 따라 가변적으로 연결되고, 이용되는 확장된 자원으로서의 속성이 강하다고 볼 수 있다.
　더 나아가 일시적 점유나 가변적인 접속을 통한 사용 경험을 제공하는 쪽으로 그 개념이 빠르게 확장되고 있다. 앞으로는 사용자들의 새로운 수요에 따라 공간을 물리적으로 구축하는 방식은 점차 사라질 것이다. 대신 기존 공간의 이용 및 구성 방식 등을 이용자의 필요에 맞춰 적절히 전환하는 방식으로 공간의 이용 형태가 변할 것이다.

소유하지 말고 공유하라

에어비앤비^{Airbnb}, 위워크^{WeWork}, 우버^{Uber}와 같은 플랫폼은 사용자들의 소비 방식을 변화시키면서, 자원 활용에 혁명을 일으켰다. 이러한 서비스를 통칭 '공유경제'로 부른다. 개인이 소유하고 사용하지 않는 물건이나 서비스를 다른 사람들과 공유하여 서로 이익을 얻는 경제 시스템으로 이해하면 쉽다. 불과 몇 년 만에 전 세계로 확정된 이 개념은 단순히 물건이나 서비스를 함께 나누고 공유하는 것을 넘어서 '공간 자원의 효율적 활용'이라는 새로운 가능성의 지평을 열었다. 코로나 팬데믹으로 인해 가속화된 원격 근무 형태의 업무 방식은 공유형 오피스를 공유경제의 대표적인 사례로 선보이며 빠르게 우리 삶과 일터에 스며들었다.

과거에는 기업들이 사무실을 직접 임대하고 관리하는 것이 일반적이었다. 하지만 공유형 오피스가 등장하면서 회사가 필요한 공간만큼만 임대하거나 심지어 필요한 시간만큼만 사용할 수 있게 되었다. 따라서 회사는 사업 규모가 변화하더라도 불필요한 공간 비용을 지불하지 않아도 되는 효율성을 확보하게 되었다. 심지어는 여러 회사가 공간을 공유하여 사용하기도 한다. 코워킹 스페이스는 1994년 베를린에서 해커들이 모여 협업하는 물리적 공간을 제공했던 것이 시초다. 이후 컴퓨터 애호가들이 같이 모여 시설, 장비를 갖추고 '함께 일하고 지식을 공유'하는 기회를 제공하는 것을 목표로 출범했다. 특히 1인 및 소규모 스타트업 기업가 등에게 필요한 기능과 서비스로 최적화된 공간이었다. 이 커뮤니티를 통해 다양한 분야의 사람들과 소통하고 네트워킹하는 과정에서 아이디어나 경험을 주고받을 수 있다. 일례로 구글은 서로 다른 사업부나 팀이 접하는 경계선에 '마이크로 키친Micro kitchen'을 운영해 커피와 다과를 즐기며 서로 도움을 청하고 지식을 나눌 수 있도록 하고 있다.

공간은 더 이상 점유의 대상이 아니다. 공간을 공유함으로써 업종, 나이, 성별, 국적, 인종의 다양성이 꽃을 피우게 되었고, 단일 조직의 시야에서는 해결할 수 없는 난제를 함께 풀어가는 지혜를 얻게 되었다.

공간을 바꾸면
삶의 방식이 달라진다

"빠르게 변화하는 세상 속에서 당신은 주로

어떤 공간에 머물고 있는가?"

15년 동안 중견기업에서 근무했던 찬혁 씨, 요즘 풀리지 않는 숙제가 있는 것처럼 답답하고 마음이 무겁다.

20여 년을 근무했던 조직에서 사원부터 본부장까지 차근차근 단계를 밟고 성장했던 회사를 퇴사한 지 1년이 지났다. 삶의 비전과 새로운 목표를 이루겠다는 포부로 이직했지만 1년이 넘도록 왠지 모르게 걱정과 두려움이 나날이 늘어난다. 이전에 근무했던 조직은 퇴근 후에도 사람들과 함께하는 시간이 길었다. 그런 시간이 워라밸의 부조화를 만든다는 생각에 불만도 있었다. 하지만 지금은 그때 그 시절이 행복했다는 생각이 든다.

현재 찬혁 씨의 업무 환경은 상당히 유연하다. 발길이 닿는 어디든 원하는 공간이 사무실이 되고, 미팅 장소가 된다. 4살 아이를 등원시키고 간단하게 집안일을 한 후, 원하는 장소에 가서 업무를 처리한다. 특별한 일이 있지 않으면 5시에 아이 하원까지 할 수 있는 아주 바람직한 루틴으로 근무하고 있다. 상황에 따라 미팅이 있는 날은 이동하고, 함께 근무하는 동료들과는 온라인 미팅이나 노션을 활용하여 업무 현황을 공유한다. 이동 거리가 줄어들며 절약하는 시간과 에너지를 찬혁 씨 개인과 가정에 쏟을 수 있어서 매우 흡족했다.

그런데, 편안해서 나태해진 것일까? 일하는 것도 아니고 집에 있는 것도 아닌 것만 같은 애매한 일상이 지겹게 느껴진다. 사무실도 없어 매번 커피숍을 떠도는 것도 이제 슬슬 지친다. 누군가와 함께 밥을 먹고, 치열하게 회의하며 아이디어를 냈던 1년 전이 그립다. 백색 소음으로 적당히 편안하게 즐길 수 있었던 카페가 일상적인 공간이 되다 보니 이제는 몰입을 방해하는 장소로 느껴지고, 집에서는 업무와 집안일의 경계가 무너지며 집중이 어렵기만 하다. 함께 근무했던 멘토에게 상의도 해보고 주변 지인들의 조언을 들어봐도 쉽지 않다. 스스로 나름 변화를 주도하고 어떤 변화에도 잘 적응하는 사람이라고 생각했는데, '그저 나만의 생각이었구나' 하는 현실에 불안과 허탈이 공존한다.

　　찬혁 씨의 사례는 단순하게 특정 누군가의 이야기는 아니다. 재택근무가 일상이 되고 커피숍이 사무실이 된 우리들의 이야기이다. 어떤 이는 휴가지에서도 긴급하고 중요한 업무를 척척 해내며 시공간을 넘나들며 잘 살아간다고 하는데 찬혁 씨와 같은 사람들에게는 그저 부러움을 일으키는 누군가의 사례로 다가온다. 이즈음에서 이런 질문을 던져 본다.

"공간의 전환이 내게 주는 메시지는 무엇일까?"

찬혁 씨가 근무하는 회사는 기본적으로 출퇴근이 없다. 그렇기에 직원들은 자기 자신에게 최적화된 업무 시간과 업무 공간을 선택해 일할 수 있다. 하지만, 이렇게 자율적인 업무 환경이라고 해서 무조건 효율적으로 업무를 수행하거나 훨씬 높은 성과를 낼 수 있는 것은 아니다. 최대한의 자율성이 주어지는 것은 결국 직원 각자가 책임져야 하는 업무의 무게도 커진다는 것을 의미한다. 어떤 방식으로 일하든 결국 업무 성과로 자기 자신을 증명해야 한다. 스스로 업무 시간과 공간을 관리하지 못하고 효율적으로 일할 수 없다면 회사가 원하는 수준의 업무 성과를 내기 힘들다. 특히, 직원 본인이 업무 공간을 비롯한 업무 환경을 조성해야 하는 경우 자신에 대한 메타 인지와 통제력이 무엇보다 중요해진다. 즉, 자신이 어느 시간대에 어떤 공간에서 어떤 환경을 조성해야 업무 효율과 성과가 높아지는지 인지하고 있어야 하는 것이다.

그런데 자신의 물리적인 시간과 공간의 한계를 초과하는 많은 업무량이 주어지면 오히려 주도적으로 업무 공간을 조성하고 창조적으로 일하는 것이 어려워진다. 마감 기한에 맞춰 결과물을 내기 위해 초과 근무를 해야 하는 경우도 있다. 혹은 수면 시간을 줄이거나 주말에도 쉼 없이 일하는 상황이 발생할 수 있다. 따라서, 이러한 역효과를 방지하기 위해서는 자신이 조성한 업무 공간에서 높은 품질의 업무 결과를 도출하기 위한 한계를 인식하고 자기 자신을 관리하고 통제하려는 노력이 필요하다.

'스타링크Starlink'는 스페이스 엑스SpaceX에서 개발하고 운영하는 위성 인터넷 서비스이다. 이 서비스는 저궤도LEO, Low Earth Orbit에 수천 개의 소형 위성을 배치해 지구 전역에 고속 인터넷 접속을 제공하는 것을 목표로 하고 있다. 최근까지 7천 개 이상의 저궤도 위성을 쏘아 올렸고 더 넓은 서비스 지역을 확보하기 위해 노력하고 있다. 이 서비스로 인해 기존 인터넷 인프라가 부족한 지역에서의 인터넷 접근성을 크게 향상할 수 있을 것으로 기대되고 있다. 이 같은 기술들이 바로 지구상의 어느 지역이라도 사무실로 확장될 수 있는 수단을 제공해 준다. 이와 같은 장소의 유연성은 전 세계의 전문가들과의 실시간 소통과 협업을 가능하게 만든다. 이로 인해 지구촌 어떤 인종이든 각자의 아이디어를 공유하고 작업을 진행하며 프로젝트를 수행하는 방식도 일상이 될 것이다.

하버드보다 들어가기 어렵다고 알려진 대학이 있다. 미네르바 대학교Minerva University이다. 이 대학은 2012년에 설립된 혁신적인 고등

교육 기관으로, 전통적인 대학의 틀을 벗어난 교육 모델로 주목받고 있다. 미국 캘리포니아주 샌프란시스코에 본거지를 두고 서울, 인도의 하이데라바드, 베를린, 부에노스아이레스, 런던, 타이베이시에도 설립됐다.

미네르바 대학은 고정된 캠퍼스 없이 전 세계 여러 도시에서 교육을 진행하며, 학생들은 매 학기 다른 도시로 이동해 수업을 들을 수 있다. 이를 통해 학생들은 다양한 문화와 환경을 경험하며 학습하게 된다. 모든 수업은 '액티브 러닝 포럼Active Learning Forum'이라는 실시간 온라인 플랫폼에서 진행된다. 한 수업에 참여하는 학생 수는 매우 적어서 교수와 학생 간의 상호작용이 활발하게 이루어진다. 이에 따라 학생들은 각자의 의견을 적극적으로 나누고, 학습에 더 깊이 몰입할 수 있는 환경을 구축할 수 있다. 우리가 지리적인 공간 자원의 한계를 넘어 온라인 공간 자원까지 효과적으로 활용할 수 있는 방식을 잘 보여주는 사례이다.

익숙한 공간에 지배당하기보다 새로운 공간으로 나아가라

"사람은 공간을 만들지만, 그 공간은 사람을 만든다."

— 윈스턴 처칠

성수동은 문화예술과 함께하는 힙스터 문화의 중심지로 불린다. 이곳은 원래 가죽, 신발 공장들이 밀집한 오래된 공업지대였으나, 새로운 크리에이티브 공간으로 재탄생하기 시작했다. 빈 공장 건물들이 개조되어 예술가들의 스튜디오, 카페, 갤러리, 편집숍 등이 생겨났다. 이를 통해 성수동은 젊은이들과 창의적 활동을 선호하는 사람들에게 매력적인 공간으로 변모했다. 성수동이 이렇게 변화를 겪게 된 것은 서울 도심임에도 임대료가 상대적으로 저렴하고 넓은 공간을 확보할 수 있기 때문이었다. 이에 IT 스타트업부터 디자인 스튜디오, 브랜드 플래그십 스토어까지 다양한 사업이 붐을 이뤄 현재의 '핫한 성수동'이 되었다. 성수동 외에도 힙Hip한 공간으로 망리단길, 연트럴 파크 등이 관심 지역으로 떠오르면서 각각 이색적인 특색을 보여주고 있다.

사람들이 이렇게 소위 '핫 플레이스'를 찾아가는 이유는 무엇일까? '핫 플레이스'라고 불리는 공간에서는 주로 트렌디한 문화와 독특한 분위기가 형성된다. 이에 방문객들은 그 지역 특유의 감성과 분위기를 체험하기 위해 찾아가는 경우가 많다. 다른 지역에서는 경험하기 어려운 독특한 매력을 느낄 수 있고, 색다른 경험을 하며, 단순 관광이 아닌 새로움으로 연결되고 변화하는 가치를 접할 수 있다.

오늘은 분기에 한 번씩 정기적으로 갖는 팀 회식을 하는 날이다. 규영 씨의 팀은 막내가 즐겨 찾는다는 '핫 플레이스'를 회식 장소로 섭외할 예정이다. 막내 사원이 회식 장소에 관해 이야기하며 이동 방법을 안내하는데 벌써 피곤함이 몰려온다. 나름 말이 통하는 팀장으로, MZ 세대 후배들과도 잘 어울리는 규영 씨인데 오늘도 쉽지 않겠다는 생각에 회식이 부담으로 다가온다.

규영 씨가 그동안 경험했던 회식은 회사 근처의 친근한 식당에서 왁자지껄 식사하며 수다를 떠는 게 전부였다. 그런데 요즘 규영 씨 팀의 회식은 매번 새로운 공간으로의 도전에 가깝다. 의자 없이 돌아다니며 음료와 간식을 즐기는가 하면, 등산용 의자에 쪼그려 앉아 추위나 더위에 그대로 노출된 곳에서 칵테일 한잔 기울이는 경험을 하기도 했다. 독특한 콘셉트의 카페에서 인증샷을 남기며 퓨전 음식을 접하게 되는 경우도 많았다. 이런 새로운 공간에서 적응하지 못하고 어색해한다면 졸지에 꼰대나 옛날 사람이 될 것만 같아 내색하지도 못하고 즐기는 척하는 중이다. 그런 모습에 "역시 팀장님은 다른 팀장님들과 달라요"라는 팀원들의 반응에 '사실은 적응이 어렵다'라는 말을 솔직하게 털어놓지도 못하고 있다. 팀원들이 규영 씨에게 너무 높은 기대를 하는 것 같고, 그들의 문화에도 완벽하게 적응하길 원하는 압박이 느껴져 이제 회식이 있는 달에는 미리 걱정이 앞선다. 억지로 보여주기식의 트렌드를 따라가며 익숙하지 않은 곳에 어울리려는 강한 압박감을 느끼면 긴장과 불안이 더해진다. 모두가 즐거운 이곳에서 규영 씨도 진짜 웃으며 즐길 수 있을까?

규영 씨의 사례처럼 트렌드를 따라 이색적인 공간이나 경험을 찾아 방문했다가 오히려 불편함이나 어색함을 경험한 사람들도 있다. 무작정 트렌드를 따라 핫 플레이스를 찾기보다는 자신이 즐길 수 있는 방식으로 공간을 탐험하는 것이 중요하다. 특정 문화를 억지로 수용하기보다는 자신의 개성과 스타일을 유지하면서 공간을 즐길 수 있어야 한다. 새로운 경험을 즐겨야 한다는 압박으로 자신에게 과도하게 기대하기보다는 열린 마음으로 새로운 공간을 경험하는 것이 좋다. 소셜 미디어에서 보던 모습과 다를 수 있음을 이해하고, 실제 경험을 있는 그대로 받아들이는 것이 중요하다. 이색적인 공간을 찾는 사람들은 어떤 경험을 하고 특화된 공간에서는 어떤 감정을 느끼며, 생각을 공유하는지를 발견하는 것이 필요하다.

나 자신이 공간의 변화에 스스로 만족스럽게 적응할 수 있을지를 점검해 보자.

1. 최근 3개월 동안, 새로운 공간을 방문한 적이 있다.　　□ yes □ no

2. 새로운 공간을 찾는 사람들이 이해된다.　　□ yes □ no

3. 새로운 경험은 긍정적인 영향을 주었다.　　□ yes □ no

만약, 세 가지 모두 NO를 선택했다면 동일한 공간에만 주로 머무르는 나는 어떤 생각을 하고 있었는지 더 깊이 생각하는 시간을 가져보길 권한다.

전환을 위해
공간 재구축을 활용하라

우리가 살아가는 공간은 개인의 생산성, 창의성, 그리고 정신적 안정에 중요한 역할을 한다. 공간은 단순히 물리적인 환경에 그치지 않고, 그 안에 머무는 사람들의 삶에 미묘하지만 강력한 영향을 미친다. 성경에는 '새로운 술을 새로운 부대에 담아라'는 구절이 있다. 특히 새로운 시작이나 변화를 추구할 때, 공간의 재구축은 필수적이다. 자신에게 필요한 공간을 새롭게 정의하고, 전환을 위한 공간으로 탈바꿈 시켜보자.

당신이 머무르는 공간을 분석하라

자신이 일상에서 주로 머무르는 공간들을 기록하고 분석하는 것은 유용한 정보가 될 수 있다. 예를 들어, '하루 중 대부분의 시간을 어디에서 보내는가?', '그 공간은 주로 어떤 활동을 위한 것인가?' 이 질문에 대한 답을 기록하고, 그 공간들이 자신에게 미치는 영향을 평가하는 과정에서 공간 재구축의 필요성을 명확히 파악할 수 있다. 기록을 통해 지금 당장 변화가 필요한 공간이 어디인지, 어떤 환경에서 더 나은 성과를 낼 수 있는지 판단할 수 있다.

공간의 재구축 작업을 시작하기 전에, 현재 자신이 머무는 공간을 객관적으로 평가해 보자. 공간은 우리의 감정과 행동에 직접적인 영향을 미치므로, 그 공간이 실제로 자신의 목표와 일치하는지 파악하는 것이 중요하다.

자신이 주로 머무르는 공간의 목록을 먼저 작성해 보자. 그 공간 목록 중 전환을 위한 공간이 존재하는가? 전환의 중요한 목표를 지원하는 공간이 없다면, 자신에게 필요한 공간이 무엇이며, 어디에 있는지를 탐색하는 것부터 시작해야 한다. 이미 그러한 공간이 있다면, 그 공간이 전환을 위해 효과적으로 구축되어 있는지를 점검하고, 공간 구성에 대한 개선점을 찾아보아야 한다.

공간은 사람에게 활력을 주기도 하고, 반대로 에너지를 빼앗아가기도 한다. 일반적으로 사람들은 창문이 없고 조명이 어두운 공간에서 일할 때, 피로감을 더 쉽게 느끼고 집중력도 떨어진다. 한 연구에서는 자연광이 충분히 들어오는 사무실에서 일하는 직원들이 그렇지 않은 환경에 있는 사람들보다 생산성이 높고, 스트레스 수준이 낮다는 결과가 나왔다. 따라서 자신이 머무르는 공간이 신체적, 정신적으로 어떤 영향을 미치는지 세심하게 분석할 필요가 있다.

자신이 하고자 하는 일을 방해하는 공간도 존재한다. 다른 사람들의 시선이나 대화에 예민하다면 직장, 시끌벅적한 카페, 큰 볼륨의 TV가 켜져 있는 거실 같은 공간은 가치 있는 일이나 전환을 위한 과업에 몰입하는 것을 방해한다. 물론, 이와 같은 공간에서 대부분의 시간을 보내야 하는 경우라면 이에 적응해야 한다고 말할 수도 있다.

하지만 오마에 겐이치의 말처럼 전환 효율이 떨어지는 공간은 과감하게 탈피하는 것이 가장 좋은 방법이다.

'사고 전환'을 위한 성찰을 위해서 몰입을 방해하는 장소를 떠나라. '관계 전환'을 위해 새로운 도전을 방해하는 사람들이 대다수를 차지하고 있는 공간에서 탈출하라.

'도구 전환'을 위해 익숙한 도구들이 있는 공간에서 벗어나 보라. 새로운 공간으로의 이동만으로도 뇌는 이미 큰 전환을 경험하게 된다. 자신의 전환을 막는 공간을 탈피하라.

활력을 주는 공간은 정돈된 환경에서 시작된다. 일례로, 물건이 과도하게 쌓여 있는 방은 시각적인 혼란을 유발하여 집중력을 떨어뜨린다. 반면, 물리적으로 정돈된 환경은 마음을 차분하게 만들고,

자연스럽게 생산성도 올라간다. 최소한의 물건만으로 구성된 미니멀한 공간에서 더 창의적이고 효과적으로 작업할 수 있다는 사실은 이를 뒷받침한다.

각자 선호하는 공간의 유형은 다르다. 어떤 사람은 조용하고 정적인 공간에서 집중이 잘 되고, 누군가는 약간의 소음이 있는 동적인 환경에서 더 창의적이다. 예를 들어, 스타벅스와 같은 카페에서 작업하는 사람들은 그 배경 소음이 오히려 집중에 도움을 준다고 말한다. 이런 현상을 '카페 효과'라고 부르며, 적절한 수준의 소음이 사람들의 창의적인 사고를 촉진하는 역할을 할 수 있다는 연구 결과도 존재한다.

이런 점을 고려할 때, 자신만의 공간 선정 기준을 명확히 하는 것은 매우 중요하다. 창의성을 높이기 위한 환경을 원한다면, 그에 맞는 공간을 찾아야 한다. 혹은, 차분한 마음으로 집중이 필요한 작업을 한다면, 외부 자극이 최소화된 공간이 더 적합할 수 있다. 공간 선정 기준은 개인의 성향과 목표에 따라 달라지므로, 자신의 특성을 먼저 파악해야 한다.

윈스턴 처칠은 "사람은 공간을 만들지만, 그 공간은 사람을 만든다"라는 명언을 남겼다. 당신이 지금 소유하고 있거나 점유할 수 있는 공간은 당신에게 어떠한 영향을 끼치고 있는지 생각해 보자. 1시간 정도 일찍 출근한 조용한 직장 내 사무실, 이른 아침의 직장 옆의 카페, 퇴근 후의 집, 자신만이 아는 집 앞의 작고 조용한 카페 등이 당신의 업무 효율을 증진시켜 줄 수 있는 장소일 것이다. 물론 그 장소는 사람마다 다르다. 성공적인 전환을 위해서는 이런 공간 자원을 실험해 보고 확장하는 작업이 중요하다.

현재의 공간을 비우는 것부터 시작하라

공간의 재구축을 위한 첫 단계는 기존 공간의 비움이다. 무질서하게 쌓인 물건들은 공간의 활용도를 제한할 뿐만 아니라, 정신적 스트레스도 유발한다. 공간이 비워져야만 그 공간의 새로운 용도를 찾고, 적절히 활용할 수 있는 여지가 생긴다. 건축에서는 '공간이 비어 있을 때 그 공간이 최대한 활용된다'고 말한다. 이러한 비움의 철학은 공간이 비어 있을 때 오히려 더 많은 가능성을 제공한다는 점을 시사한다. 공간을 비우는 것은 단순한 물리적 비움 이상의 의미가 있다. 이는 공간에 새로운 에너지를 불어넣는 첫걸음이다.

여백의 중요성은 스티브 잡스도 강조하고 실천한 철학이다. 잡스는 평소 미니멀리즘과 단순함을 중요시했으며, 그의 집이나 사무실은 늘 불필요한 물건 없이 깔끔하게 정리된 상태였다. 그는 "단순함은 궁극적인 정교함"이라고 말하며, '본질적인 것만 남기고 나머지는 과감히 비우는 것이 창의성과 집중력을 높이는 데 필수적'이라고 강조했다.

특히, 애플의 제품 디자인에서도 이러한 철학은 명확히 드러난다. 초기의 애플 오피스나 잡스의 개인 공간은 무질서한 물건들이 거의 없었고, 공간 대부분은 비어 있었다. 이러한 빈 공간은 직원들이 더 자유롭게 창의적인 생각을 할 수 있는 환경을 제공했다. 비어 있는 공간이 단순히 물리적인 여유를 주는 것을 넘어, 새로운 가능성의 장을 마련해 준 셈이다. 당신의 공간에서 불필요한 것들을 제거하고 충분히 비어 있을 때, 그곳은 전환에 몰입할 수 있는 용도로 활용될 자원이 된다.

한 공간이 여러 가지 용도로 사용될 때, 그 공간의 기능성은 흐려질 수 있다. 예를 들어, 침실에서 일하거나, 거실에서 식사하게 된다면 각각의 공간이 원래 목적을 잃게 된다. 이러한 혼용은 장기적으로 피로감을 주고, 집중력에도 부정적인 영향을 미칠 수 있다.

불면증 치료를 위해서 가장 먼저 강조하는 수면 위생의 개념이 있다. 그 내용 중 가장 중요한 것 중에 하나로 침실이나 침대는 잠을 청하는 용도로만 사용한다는 원칙이 있다. 침대라는 공간의 본래의 용도를 회복하는 것이다. 특정한 목적만을 위한 공간을 설계하면 그 공간에서 기대되는 기능은 더 분명해진다. 예를 들어, '업무 공간'은 업무만을 위한 공간으로, '휴식 공간'은 오로지 휴식을 위한 장소로 설정하면, 각 공간에서의 활동이 더 효과적이고 집중력도 높아진다.

당신에게 필요한 공간은 어떤 목적을 담아내야 하는가? 가능하다면 그 목적에 방해되는 물건은 치우고 비워둬라.

공간의 목적과 경계를 명확히 보이게 하라

공간은 단순한 물리적 장소 이상의 의미가 있다. 공간이 어떻게 구성되고 경계가 설정되느냐에 따라 그 공간의 사용 목적과 방식이 결정된다. '경계'는 단순히 외부와 내부를 구분하는 물리적 선을 넘어서, 그 공간 안에서 무엇을 할 수 있고 무엇을 하지 말아야 하는지를 규정하는 중요한 역할을 한다. 경계가 명확하지 않으면 그 공간이 어떻게 활용될지에 대해 사람들은 혼란을 느낄 수 있다. 반대로, 경계가 잘 정의된 공간은 그 목적에 맞게 효율적으로 사용될 수 있다. 새로운 공간을 만들 때는 물리적 경계뿐만 아니라 그 공간에서 해야 할 일과 해서는 안 되는 일에 대한 명확한 규칙도 필요하다. 경계는 공간의 사용 목적을 분명히 하여 효율성을 높여준다.

공간의 경계를 지키는 출입문 설계하기

경계를 설정하는 가장 기본적인 방법의 하나는 출입문을 통해 공간을 구분하는 것이다. 사무실이나 스튜디오처럼 특정 인원만이 접근할 수 있는 공간은 출입문을 통해 외부와 내부를 나누어 불필요한 방해 요소를 차단할 수 있다. 만약 물리적으로 출입문을 설치할 수 없다면, 벽에 그 공간의 성격을 알리는 표지판이나 포스터를 걸어 경계를 명확히 할 수 있다. 이처럼 경계는 물리적 요소뿐만 아니라 심리적 요소로도 존재할 수 있으며, 이를 적절히 활용해 공간의 목적을 명확히 드러내야 한다.

재택근무자의 경우, 경계 설정은 더욱 중요하다. 집은 본래 휴식을 위한 공간이지만, 일을 해야 하는 상황에서는 일과 휴식의 경계가 흐려지기 쉽다. 따라서 업무 공간과 휴식 공간을 명확하게 구분하는 것이 필요하다. 예를 들어, 특정 방이나 구역을 업무에만 사용하는 장소로 정하고, 그곳에서는 오직 업무만을 위한 공간을 규칙으로 두면 자연스럽게 일에 집중할 수 있는 환경이 조성된다. 반대로, 휴식할 때는 별도의 공간을 활용해 머릿속의 전환을 명확히 해주는 것이 중요하다. 이러한 경계 설정은 생산성을 유지하고, 일과 삶의 균형을 맞추는 데 필수적인 요소다.

타자의 간섭을 차단할 심리적 경계 설정하기

경계는 물리적인 것뿐만 아니라 심리적 경계도 포함한다. 현대 사회에서는 끊임없이 연결된 환경에서 정신적 피로가 가중되기 때문에, 개인적인 시간과 타인과의 상호작용 사이에 명확한 경계를 두는 것이 필요하다. 가족이나 친구와의 소통이 물론 중요하지만, 집에 있을 때라도 혼자만의 시간과 공간을 확보해야 한다. 이러한 심리적 경계는 개인이 머무는 공간에서 자율성을 보장하고, 정신적 여유를 제공한다.

사무실에서도 마찬가지다. 협업이 중요한 환경에서도 때때로 개인적인 경계가 필요하다. 중요한 업무를 집중해서 처리해야 할 경

전환을 가속시키는 공간의 힘

우, 일시적으로 소통을 차단하고 개인적인 업무 공간을 만드는 심리적 경계가 필요하다. 예를 들어, 특정 시간 동안 이메일이나 메신저를 확인하지 않고, 오직 자신의 업무에 몰두할 수 있는 규칙을 세운다면, 그 시간 동안만큼은 외부의 간섭 없이 업무에 집중할 수 있다. 이는 결국 개인의 생산성을 높이는 중요한 방법이다.

개방형 공간에 규범 설정하기

모든 공간이 엄격한 경계를 갖출 필요는 없다. 개방형 공간은 사람들 간의 소통과 상호작용을 촉진하는 중요한 역할을 한다. 거실이나 주방은 가족이나 친구들이 자연스럽게 모일 수 있는 공간으로 경계 없이 자유롭게 활용될 수 있다. 예를 들어, 실리콘밸리의 많은 기업은 직원 간의 협업을 촉진하기 위해 개방형 오피스를 채택하고 있다. 이러한 구조는 물리적 경계가 없어 자유롭게 소통하고 협업할 수 있는 환경을 제공한다.

개방형 공간은 창의적인 아이디어를 교환하고, 다양한 의견을 나눌 기회를 제공한다. 이는 폐쇄적인 공간에서 얻기 어려운 자유로운 대화와 교류라는 장점을 가지고 있으며, 새로운 가능성을 열어준다. 그러나 동시에 개인이 집중할 수 있는 경계를 설정하는 것도 중요하다. 따라서 개방형 공간과 폐쇄형 공간의 균형을 맞추는 것이 필요하다.

개인적인 취미나 학습, 성장을 위한 공간에서도 경계 설정이 필요하다. 예를 들어 독서나 운동 같은 활동에 맞는 환경을 조성할 때는 단순히 책상을 놓거나 운동 기구만 갖다 놓는 것으로 끝나지 않고, 그 공간에서는 오직 독서나 운동에만 집중할 수 있는 명확한 규칙을 정해야 한다. 예를 들어, 독서 공간에서는 스마트폰을 멀리 두고, 외부 자극을 최소화하여 경계를 설정할 수 있다. 이러한 규칙이 잘 적용되면, 그 공간은 효율적인 활동 장소로 변모할 수 있다.

카페나 도서관처럼 열린 공간에서도 경계를 설정할 수 있다. 혼자만의 시간이 필요할 때는 이어폰을 착용해 외부 소음을 차단하거나, 창가처럼 조용한 자리를 선택해 자신만의 집중 공간을 만들 수 있다. 이러한 작은 경계 설정은 그 공간이 어떤 특성을 가지고 있든 자신에게 맞는 환경을 조성하는 데 큰 도움이 된다.

공간의 경계는 그 공간이 어떻게 사용될지를 명확히 결정하는 중요한 요소다. 경계가 잘 설정되면, 그 공간은 목적에 맞게 효율적으로 사용될 수 있다. 반대로 경계가 흐릿하면 공간의 목적이 혼란스러워지고 제대로 활용되지 못할 수 있다. 물리적 경계와 심리적 경계를 적절히 설정하고 관리함으로써, 우리는 공간을 더 효과적으로 사용할 수 있으며, 일상 속에서 더 큰 만족감을 얻을 수 있다. 경계를 명확히 하고 그에 맞는 규칙을 세우는 것은 더 나은 삶을 위한 필수적인 과정이다.

만남의 공간에는 '초대와 환대'라는
인간적 따스함이 스며들도록 하라

　스마트폰과 디지털 기술로 인해 우리는 이제 물리적 공간에 상관없이 다양한 사람들과 소통할 수 있게 되었다. 이메일, 메시지, 화상회의, 소셜 미디어 등을 통해 전 세계 어디서든지 즉각적으로 연결된다. 그러나 디지털 만남에서는 종종 인간적 따스함과 환대의 감정이 부족하다. 오프라인 만남에서 느낄 수 있는 정서적 연결이나 환영받는 느낌을 디지털 환경에서 구현하는 것은 쉽지 않다. 그렇다고 해서 온라인 만남이 인간적 따스함을 제공할 수 없다는 뜻은 아니다. 오히려, 조금만 신경 쓰면 디지털 공간에서도 초대와 환대의 따스함을 더할 수 있다.

　디지털 공간에서는 개인화된 초대가 더 중요해진다. 디지털 공간에서 환대의 느낌을 주기 위해서는 개인화된 접근이 중요하다. 일반적인 대화 대신, 상대방의 이름을 부르고 그들의 관심사나 상황을 언급하는 것이 중요한 첫걸음이 될 수 있다. 예를 들어, 화상 회의나 채팅에서 상대방의 이름을 멘션 기능(@ 표기 후 이름이나 아이디를 태그하는 기능)을 통해 언급하며 인사를 건네거나, 최근에 그들이 말했던 주제를 다시 언급하는 것은 상대방이 주목받고 있다는 느낌을 줄 수 있다. 이는 디지털 공간에서 상대를 '초대'하는 효과적인 방식이다. 이러한 작은 디테일들이 상대방에게 더 친밀한 반응을 이끌어내기에, 그들이 환영받고 있다는 느낌을 주기 위해서는 취향과 관심사에 맞춘 개별화된 대화와 응대가 필요하다. 디지털 공간에서도 상대방을 단순한 사용자로 여기지 않고, 개별적인 존재로 존중하고 있다는 인상을 주는 것이 중요하다.

화상 회의 공간에서 참가자들을 환대하는
더 좋은 방법을 찾아내자

화상 회의는 디지털 환경에서 실시간으로 소통할 수 있는 중요한 도구다. 그러나 카메라와 마이크를 통해 상대방에게 따뜻함을 전달하는 것은 쉽지 않다. 이럴 때는 시각적, 청각적 요소를 활용해 친밀함을 전하는 것이 중요하다. 예를 들어, 단순한 책상이나 흰 벽 대신, 아늑함을 줄 수 있는 배경 이미지를 선택하면 참가자들에게 안정감과 따뜻한 분위기를 전달할 수 있다. 개인적인 취향이 담긴 소품이나 자연광이 들어오는 배경은 감정적 연결을 강화하는 데 도움이 된다.

또한, 회의 중에는 상대방의 이야기에 적극적으로 반응하고, 적절한 피드백을 주는 것이 중요하다. 디지털 환경에서는 표정이나 몸짓과 같은 비언어적 표현이 줄어들기 때문에, 의도적으로 고개를 끄덕이거나 미소를 짓는 등 상대방의 이야기에 반응해야 한다. 이러한

전환을 가속시키는 공간의 힘

작은 행동들이 쌓여야 화상 회의가 단순한 일 처리 도구가 아닌 진정한 소통의 시간이 될 수 있다.

화상 회의에서는 참가자들의 발언이 줄어들기 쉽기 때문에, 채팅창을 활용해 의견을 표현하도록 권장하는 것이 좋다. 채팅창에 올라온 의견을 소리 내어 읽어주거나, 이모티콘을 통해 참여를 격려하는 것도 소통을 촉진하는 효과적인 방법이다.

공간에서 이루어지는 대화의 흐름을 보다 자연스럽게 구조화하자

온라인 공간에서 모임을 조직할 때도 환대를 고려할 수 있다. 단순히 업무적인 이야기만 나누는 회의와 달리, 교류를 목적으로 한 모임에서는 더욱 비공식적인 분위기를 만드는 것이 좋다. 예를 들어, 회의 시작 전에 가벼운 대화를 나누어 참석자들이 긴장을 풀 수 있게 하거나, 모임 중간에 짧은 휴식 시간을 마련해 참여자들이 자유롭게 소통할 기회를 제공한다. 디지털 모임에서도 인간적인 연결을 형성할 수 있는 순간들이 필요하다.

원격 근무를 하는 팀에서는 정기적으로 '가벼운 아침 회의'나 '가상 커피 타임'을 진행해 참여자들이 서로 일상적인 이야기나 취미, 가족 이야기를 나누며 친밀감을 쌓을 수 있는 시간을 제공한다. 이러한 대화는 공식 업무에서 벗어나 사람들 간의 거리를 좁히고 따뜻한 분위기를 형성한다. 이런 방식은 디지털 공간에서도 관계를 형성하는 데 큰 도움이 된다.

또한, 온라인 모임을 진행할 때는 모든 참여자가 발언할 기회를 가질 수 있도록 배려하는 것이 중요하다. 한 사람이 대화를 독점하기보다는, 모두가 참여하고 발언할 수 있는 환경을 조성하면 모임의 분위기는 훨씬 더 따뜻하고 포용적이게 된다. 이러한 디지털 모임은 상호작용을 촉진하고, 참여자들이 환영받고 있다는 느낌을 준다.

이처럼 디지털 공간에서도 인간적인 연결과 환대는 충분히 구현될 수 있다. 세심한 관심과 배려를 통해, 사람들은 디지털 공간에서도 환대받고 있다는 느낌을 가질 수 있다. 개인화된 소통, 적절한 시각적·청각적 요소, 그리고 작은 디테일이 모여 디지털 공간에서도 따스함과 환대의 감정을 전달할 수 있다. 이러한 노력들은 디지털 상호작용의 질을 높이고, 물리적인 공간을 넘어 더 깊은 인간적 연결을 만들어 낸다.

전환을 위한 공간을 만드는 첫걸음은 자신의 공간을 철저히 평가하고, 필요한 변화를 시도하는 것이다. 불필요한 요소를 제거하고, 명확한 경계를 설정하며, 각 공간에 목적을 부여하는 것은 전환의 필수 과정이다.

무엇보다 자신에게 맞는 환경을 조성하는 것이 중요하다. 작은 변화부터 시작해 보자. 책상을 정리하고, 배치를 재구성하며, 물리적·심리적 경계를 설정하는 작은 실천들이 큰 전환의 밑거름이 될 수 있다. 무엇보다 이러한 전환의 공간을 만들어가는 과정에서, 익숙한 공간에만 머무르지 말고, 당신의 관점을 넓혀주는 새로운 공간을 경험해 볼 필요가 있다. 이러한 공간은 삶의 전환을 모색하는 이들에게 새로운 사고와 행동을 펼쳐낼 무한한 가능성의 장을 제공할 것이다.

전환에
힘을 불어줄
사람의 힘

전환에 힘이 되어줄 사람이
곁에 있는가?

앞서 우리는 전환에 필요한 시간과 공간이라는 자원을 어떻게 활용할 것인지에 대해 이야기했다. 시간과 공간만큼이나 전환을 위해 중요한 자원은 바로 '사람'이다. 우리의 삶 속에서 사람과 사람이 만나는 그때가 서로에게는 전환의 순간이 된다. 삶을 변화시키는 가장 강력한 계기는 사람과의 만남에서 비롯된다. 누군가를 만나 힘을 얻기도, 반대로 힘이 빠지기도 하는 경험은 누구나 해 봤을 것이다.

그렇다면 우리의 전환 과정에 힘을 불어넣어 줄 수 있는 사람은 과연 누구일까? 오늘 만나는 누군가가 내일의 새로운 전환을 열어 줄 수 있다.

'전환'이란 결국 익숙한 방식에서 벗어나 새로운 길을 찾는 것이다. 그런데 이 새로운 길은 보통 다른 사람의 도움 없이는 발견하기 어렵다. 누군가의 조언, 새로운 시각, 또는 예상치 못한 질문이 우리

전환에 힘을 불어줄 사람의 힘

가 전환할 수 있는 계기가 된다.

프랑스 철학자 에마뉘엘 레비나스^{Emmanuel Levinas}는 "타인과의 관계를 통해 자신을 새롭게 볼 수 있다"고 말했다. '타자(다른 사람)'와의 만남은 단순히 대화를 나누는 것을 넘어 우리가 미처 보지 못했던 새로운 가능성을 발견하게 해 준다. 자신과 다른 생각을 가진 사람과 대화할 때 처음에는 불편함을 느낄 수 있다. 하지만 이 과정에서 새로운 관점을 배울 수 있고, 자신의 한계를 넘어 더 넓은 시야를 가질 기회가 생겨난다. 레비나스는 이런 만남이 우리를 성장시키고 우리가 변화하도록 돕는다고 강조했다.

2007년, 세계적인 경영학자인 짐 콜린스^{Jim Collins}는 애플의 CEO였던 스티브 잡스와 전화 인터뷰를 진행했다. 콜린스는 1997년 위기에 빠진 애플로 돌아와 회사를 혁신했던 잡스의 선택에 주목했다. 당시 애플은 독립적으로 생존할 가능성이 희박한 상황에 놓여 있었고, 모두가 실패를 예상했다. 이런 극한 상황에서 잡스가 가장 먼저 한 일은 뭘까?

**"그 암울한 상황에서 벗어나기 위해서 가장 먼저 구축한 게 무엇입니까?
어디에서 희망을 찾았습니까?"**

콜린스가 질문했다. 흥미롭게도 잡스는 '아이팟, 아이폰, 아이패

드 같은 제품 아이디어가 회사를 구할 것이라 믿었다'고 답하지 않았다. 잡스의 대답은 단 한 단어, '사람'이었다. 그는 위기 상황을 돌파할 인재들을 찾는 데 집중했다고 했다. 잡스는 초기 애플을 창립하던 시절처럼 세상을 바꾸겠다는 열정을 품고, 단호함을 견뎌낼 수 있는 사람들을 찾는 데 헌신했다. 이를 통해 그는 애플의 방향성을 바꾸는 데 성공했고, 최고의 팀을 구축해 전환을 이뤄냈다. 이러한 접근은 짐 콜린스가 『좋은 기업을 넘어 위대한 기업으로^{Good to Great}』에서 강조하는 원칙과도 일맥상통한다. 콜린스는 "어떤 산을 오르느냐보다 함께 오를 사람을 찾는 것이 먼저다^{First Who}"라고 말한다. 전환의 성공은 결국 함께하는 사람의 역량에 달려 있다는 것이다.

비슷한 사례는 우리 주변에서도 어렵지 않게 찾아볼 수 있다. 한 청소년 학습 코칭 회사의 연구소장이 조직을 혁신적으로 발전시키기 위해 비슷한 접근을 취했다. 박상민 소장은 개별 코칭 역량에만 의존하던 기존 방식을 체계적으로 개선하고자 했다. 먼저 그는 전국 100여 개 센터에서 경력과 역량이 가장 뛰어난 코치들을 모아 팀을 구성했다. 이후 그들과 함께 액션러닝 프로그램 및 퍼실리테이션과 같은 집단 상호작용을 통해 중고등학교 학습자들의 유형을 실제 이슈와 개별적 특성을 고려한 뒤 반영했다. 그런 뒤 학습자 유형에 맞는 체계적인 코칭 전략을 개발했다. 이 팀이 만든 프로그램은 10여 년이 지난 지금까지도 전국 300여 개 지점에서 사용되고 있다. 이는

전환에 힘을 불어줄 사람의 힘

사람을 중심에 두고 협력과 체계를 결합해 전환을 이뤄낸 또 하나의 사례이다.

　레비나스의 말처럼 타자와의 만남은 우리를 새로운 방향으로 이끌어준다. 잡스와 박 소장의 사례는 이를 잘 보여준다. 이들이 만난 사람들, 열정을 가진 동료들, 새로운 가능성을 열어준 인재들이 바로 전환을 이루는 핵심이었다. 이들은 '올바른 사람과의 협력'을 통해 사람들과의 관계 속에서 서로의 자원을 발견하고 연결하여 새로운 가능성을 열 수 있었다.
　전환은 혼자만의 노력으로는 이루기 어렵다. 신뢰와 협력을 바탕으로 더 나은 방향으로 나아가는 전환 과정에 사람의 중요성을 가장 우선에 두었다는 점은 시사하는 바가 크다.

　전환의 여정에서 힘이 되어 줄 수 있는 사람들은 어떠한 사람들일까? 혹시 주위에서 지금부터 제시하는 사람들을 발견할 수 있다면 기꺼이 다가가서 만나보자. 물론, 스스로를 돌아보고 자기 자신이 이러한 사람이 되기 위해 노력하는 것도 좋다. 결국 인생의 전환 여정은 혼자가 아니라 이러한 사람들과 함께할 때 더욱 풍요로워지고 견고해질 수 있다. 필요한 도움을 주고받는 관계 속에서 전환의 가능성은 더 크게 열릴 것이다.

- **어딜 가도 환영받는 사람:** 어딜 가든 환영받는 사람은 성실성과 신뢰를 바탕으로 관계를 안정적으로 형성한다. 개인의 전환 과정에서 이러한 사람들은 흔들리지 않는 지지와 믿음을 제공한다. 약속을 지키고 일관된 태도를 유지하는 이들은 전환의 불확실한 순간에 안정감을 주며, 새로운 방향으로 나아가는 데 필요한 기반을 만들어준다.

- **적을 만들지 않는 사람:** 적을 만들지 않는 사람은 갈등을 피하고 긍정적인 관계를 유지하며, 전환 과정에서 불필요한 소모를 최소화하는 데 도움을 준다. 이러한 사람들은 자신의 전환뿐만 아니라 주변 환경에서도 원활한 관계를 통해 필요한 자원을 얻고, 협력적이고 조화로운 과정을 가능하게 한다. 그들의 태도는 전환의 긴장감 속에서도 균형을 유지하게 해 준다.

- **상황에 따라 유연하게 변하는 사람:** 유연한 사람은 변화하는 상황에 빠르게 적응하고, 새로운 기회를 발견하는 능력을 가지고 있다. 전환 과정에서는 과거에 얽매이지 않고 현재 상황에서 최선의 선택을 할 수 있는 태도가 중요하다. 유연성은 전환 과정에서 예상치 못한 장애물을 극복하고, 자신만의 새로운 길을 개척하는 데 중요한 역할을 한다.

- **방향을 제시하는 사람:** 방향을 제시하는 사람은 전환 과정에서 혼란스러운 순간에 명확한 목표와 비전을 통해 길을 안내한다. 이들은 큰 그림을 보며 전환의 이유와 목적을 재확인하게 하며, 무엇을 위해 나아가야 하는지를 상기시킨다. 이러한 사람들의 도움은 전환 과정에서 흔들리는 결정을 단단히 잡아줄 수 있다.

- **소통을 잘 하는 사람:** 소통을 잘하는 사람은 전환의 과정에서 자신의 감정과 생각을 명확히 표현하며, 다른 사람의 의견과 도움을 효과적으로 받아들인다. 이들은 공감을 통해 전환 중의 외로움이나 불안을 덜어주고, 적절한 피드백과 격려로 전환의 여정을 지속할 수 있는 동력을 제공한다. 소통 능력은 전환 과정에서 관계를 강화하고 필요한 자원을 연결하는 데 핵심적인 역할을 한다.

전환은 단순히 다른 사람들에게 의존하는 것이 아니라 자기 자신을 중요한 자원으로 성장시키는 과정이기도 하다. 이를 위해 몇 가지 고민해 볼 필요가 있다. 먼저, 자신의 가치를 키우는 데 집중해야 한다. 지속적으로 학습하고 성장하며 스스로를 관리하는 노력이 중요하다. 또한, 주변 자원을 효과적으로 활용할 수 있어야 한다. 협력과 신뢰를 바탕으로 주변 사람들의 역량을 극대화할 수 있다. 마지막으로 작은 성실함을 꾸준히 쌓아가는 것이 필요하다.

전환은 하루아침에 이루어지지 않기 때문에 작은 노력들이 모여 큰 변화를 만들어 낸다. 결국 전환은 사람과의 연결 속에서 그리고 자신의 한계를 극복하는 변혁적인 성장 과정을 거침으로써 가속된다. 이러한 과정을 통해 사람 간의 자원을 활용하는 능력이 향상되고 전환을 향한 새로운 길이 열리게 된다.

어딜 가도
환영받는 사람

"위대함은 과연 어디서 오는가. 어떤 사람이 위대한가. 사람들이 어째서 그를 위대하다고 하는가. 무엇이 그를 위대하게 보이게 하는가. 그것은 자기 자신에 대한 성실함을 그가 일생 동안 변함없이 보여주었기 때문이다. 그것이 그를 위대하게 만들었으며, 위대하게 보이게 하는 것이다."

— 니체

어디에서나 환영받는 사람들이 있다. "너 없으면 안 돼", "너와 함께여서 든든해", "믿고 맡길 사람은 ○○ 씨뿐이야"와 같은 말을 듣는 사람들. 이들의 공통점은 바로 성실함이다. 아리스토텔레스가 말했듯, 인간은 사회적 동물로서 공동체 속에서 살아간다. 공동체의 삶에서 성실성은 매우 중요한 덕목이다.

시간을 지키지 않는 사람은 불안감을 야기한다. '이번에도 제시간에 안 오면 어쩌지?' 같은 걱정을 불러일으킨다. 반면 성실한 사람은 이런 불안에서 벗어나게 해 준다. 약속 장소에 미리 도착하는 사람은 안정감과 믿음을 준다. 성실성의 핵심은 일관성이다. 시간 약속이든 맡겨진 업무이든 일관된 행동은 다른 사람에게 예측 가능성을 제공해 주고, 신뢰와 안정감으로 이어진다. 직장에서든 학교에서든 성실한 사람과 함께 일할 때 우리는 안심할 수 있다.

100대 기업 인재상 순위 변화 추이

순위	2008년	2013년	2018년	2023년
1	창의성	도전 정신	소통·협력	책임 의식
2	전문성	책임 의식	전문성	도전 정신
3	도전 정신	전문성	원칙·신뢰	소통·협력
4	원칙·신뢰	창의성	도전 정신	창의성
5	소통·협력	원칙·신뢰	책임 의식	원칙·신뢰
6	글로벌 역량	열정	창의성	전문성

(출처: 2023년 대한상공회의소 자료)

대한상공회의소는 2008년부터 5년 주기로 '기업이 원하는 인재상' 조사를 실시해 왔다. 2023년 조사에 따르면, 국내 100대 기업이 가장 중요하게 여기는 덕목은 '책임 의식'이었다. 이는 2018년 조사에서 5위였던 책임 의식이 5년 만에 1위로 급상승한 결과다. 반면, 2018년 2위였던 '전문성'은 6위로 하락했다. 이러한 변화는 기업들이 이제 전문성보다 책임 의식과 성실성을 더욱 중요하게 평가하고 있음을 시사한다.

한때 당연하게 여겨지던 성실성은 이제 핵심 역량으로 자리 잡았다. 성실한 사람들은 약속을 지키는 것은 물론, 예측 가능성을 제공해 조직과 공동체에 안정감을 준다. 이러한 성실성은 현대 사회에서 필수적인 덕목이자 중요한 신뢰의 기반이 되었다.

> 지우 씨는 오늘도 가장 먼저 사무실에 도착했다.
> 중요한 프로젝트 회의 준비를 위해 회의실을 꼼꼼하게 점검하고, 필요한 자료들을 미리 정리한다. 그는 팀원들이 도착하기 전에 회의에 필요한 모든 장비를 준비하고, 예상 질문에 대한 답변까지 준비해 둔다. 비록 팀에서 특별한 직책을 맡고 있지는 않지만, 항상 먼저 나서서 업무를 이끌고 있다.
> 처음 회사에 입사했을 때는 업무에 대한 두려움이 컸고 모든 것이 낯설었다. 하지만 매일 성실하게 준비하며 작은 것부터 차근차근 배우기 시작했다. 지우 씨는 어느덧 팀 내에 없어서는 안 될 중요한 구성원으로 자리 잡았다.

매일 일찍 출근해 업무에 필요한 준비를 마치고 중요한 보고서나 자료도 철저히 준비하는 지우 씨의 사례는 그저 맡은 일을 잘하는 것을 넘어 팀원들이 필요로 하는 것을 미리 파악하고 준비해 주는 성실한 태도를 보여준다. 이러한 태도는 팀원들에게 신뢰를 쌓게 해

주었고 언제나 그의 도움을 기대하게 만들었다.

> "처음에는 제가 과연 이 업무를 잘할 수 있을지 걱정이 많았어요. 하지만
> 준비를 마치고 나니 점점 자신감이 생기더라고요. 중요한 건 팀에 기여
> 하고, 팀이 필요로 하는 것을 미리미리 준비하는 겁니다."

지우 씨는 '작은 성실함이 모여 큰 신뢰를 만든다'는 사실을 경험
하며 이를 자신의 업무 원칙으로 삼고 있다.

지우 씨의 성실성 원칙 중 또 하나는 '언제나 1시간 일찍 사무실에
도착하는 것'이다. 미리 도착하면 업무에 필요한 자료나 일정을 점
검하고 중요한 회의나 업무 내용을 한 번 더 복습할 여유가 생긴다.
게다가 사무실에는 종종 이런저런 예상치 못한 돌발 상황이 발생하
기도 하는데 이를 즉시 대응할 수 있다. 그 결과, 그는 늘 '준비된 사
람'으로 인식되며 동료들과 상사에게 안정감을 주었다.

또한 동료들과의 신뢰 관계도 매우 중요하게 여겼다. 예를 들어
상사가 요청한 자료 마감일보다 하루라도 일찍 제출하고, 그들이 요
구하지 않은 부분까지도 미리 준비하는 태도를 고수했다. 그는 상사
가 필요로 하는 것을 미리 파악하고, 선제적으로 대응하는 능력을
발휘해 신뢰를 쌓았다. 이러한 성실함과 책임감 덕분에 지우 씨는
점차 '믿고 맡기는 직원'으로 자리 잡았다.

한 헤드헌팅 전문 업체의 직원 역시 기업들이 요하는 인재상으로 '성실'과 '적극성'을 꼽으며 이렇게 언급했다.

"업무만 잘해서는 다시 찾지 않아요. 상사가 기대하는 그 이상의 것을 제 공해야 신뢰를 얻게 되죠."

성실함은 전문성으로 이어졌고, 주변의 모든 경험을 업무에 적용하며 끊임없이 성장할 수 있었다. 이는 단순히 업무를 수행하는 사람을 넘어 회사의 중요한 자원이 되었음을 의미한다. 동료들과 상사에게 신뢰를 주며, 자신을 끊임없이 발전시키는 지우 씨는 성실함과 유연함, 끊임없는 학습을 바탕으로 타인과 협력하며 자신을 자원으로 활용할 수 있는 사람이 되었다.

지우 씨가 '믿고 맡기는 준비된 사람'이라는 인식이 자리 잡게 된 과정에서는 자신만의 원칙이 있었다. 그 원칙은 업무에 대해 철저하게 준비하고 꼼꼼하게 점검하며 피드백을 반영하는 것이었다. 하지만 원칙은 하루아침에 만들어지지 않는다. 이는 스스로 만든 습관과 태도가 겹겹이 쌓여서 완성된다. '성실함'은 성공적인 전환을 위한 디딤돌과도 같다. 야심차게 새로운 길을 시도하더라도 그 전환을 지탱할 힘이 없다면 실패할 수밖에 없다.

혹시 지금 정체되어 있다고 느낀다면 자신의 성실함을 확인해 보자. 성실함은 정체된 자신을 일으키는 발판이 되어 줄 것이다. 당장 큰 변화를 꿈꾸지 않더라도 현재 위치에서 꾸준히 힘을 길러두는 것이 중요하다. 훈련으로 다져진 성실함의 힘은 전환의 순간이 왔을 때 든든한 근육이 되어 줄 것이다.

적을 만들지 않는
사람

"나는 사람들이 상대방의 말과 행동은 잊어도 그때의 기분은 절대 잊지
않는다는 사실을 배웠다."

— 마야 안젤루, 시인이자 소설가

　우리는 일상에서 다양한 사람들과 관계를 맺으며 살아간다. 그 속
에는 갈등과 충돌을 피할 수 없는 순간들이 있다. 놀랍게도 어떤 사
람들은 그 어떤 갈등도 잘 관리하고 누구와도 부드럽게 관계를 맺는
다. 심지어 조직 내에서 큰 성과를 내면서도 적을 만들지 않는다. 이
들은 어떻게 이러한 능력을 발휘할 수 있을까?

　요즘 흔히 아는 '매너', '에티켓'이라는 영어 단어를 몰랐던 과거에
는 예의범절이란 자연스럽게 스며드는 것이었다. 우리 사회에서는
생활 속에서 예의를 익힐 기회가 많았다. 부모님은 식사 자리에서

어른을 공경하고 다른 사람이 말할 때는 경청하라는 태도를 가르치셨다. 그런데, 이와 같은 예의범절은 시대가 변하면서 고리타분하다거나 낯설다고 느끼게 되었다.

근무 형태가 재택근무나 하이브리드 방식으로 변화하면서 업무에서 예의와 소통 방식도 점점 혼란스러워졌다. 물리적으로 같은 공간에 있지 않고 서로 다른 장소에서 업무를 진행하다 보니, 상대방의 의도를 오해하거나 실수를 초래하는 경우도 많아졌다. 수직적 문화 대신 수평적이고 동등한 권위가 강조되는 직장이라고 해도 '예의'는 여전히 중요한 자산이다. 실제로 직장인 10명 중 9명은 직장에서 무례한 행동을 경험했다고 답했으며, 미국에서는 이러한 무례함으로 인해 매년 3,000억 달러 이상의 사회적 비용이 발생한다고 한다. 이는 예의가 단순한 매너를 넘어 조직의 성과와도 직결된다는 점을 보여준다.

컨설턴트 민영 씨는 3년 전 동료 지현 씨와 함께 프로젝트를 진행한 경험이 있다. 민영 씨에게는 해당 프로젝트가 낯선 영역이었기에 두려움과 불안감이 커졌고, 자연스럽게 회의에서도 소극적이었다. 어느 날 민영 씨가 조심스럽게 의견을 내놓았는데, 이때 지현 씨는, "정말 좋은 생각입니다"라고 말하며 그 의견에 힘을 실어주었다. 지현 씨의 긍정적인 반응으로 민영 씨의 의견은 프로젝트의 중요한 핵심 아이디어로 발전될 수 있었다. 대부분은 자신의 능력을 과시하고 싶어서 다른 사람의 의견에 지지를 보내지 않았지만, 지현 씨는 민영 씨가 팀원들 앞에서 발표하도록 용기를 주었고, 덕분에 민영 씨는 자신감을 얻고 프로젝트에 적극적으로 임하게 되었다. 이처럼 지현 씨는 자신을 내세우기보다는 동료의 의견을 높이는 방식으로 팀의 협력과 성과를 이끌어냈다.

진정한 성과를 창출하는 사람들의 특징은 무엇일까? 이들의 공통적 특징은 적을 만들지 않는 것이다. 상대를 존중하고 협력하며 예의를 바탕으로 팀 내에서 긍정적인 에너지를 만들어 내고, 이를 통해 자연스럽게 성과를 낸다.

민영 씨와 동료 지현 씨의 사례는 이를 잘 보여준다. 사례 속 지현 씨에 대해 눈여겨 볼 점은 '우호성'이다. 종종 업무 중에 소위, '그레이 존Gray Zone'이라는 영역에 부딪히게 된다. '그레이 존'이란 '책임과 권한이 모호한 상황', 즉 '누구의 책임인지 명확하지 않은 업무 영역'을 말한다. 그레이 존은 갈등의 원인이 되는 경우가 많지만, 지현 씨는 이를 협력의 기회로 삼았다. 불확실한 상황에서 중립적으로 협력을 유도하고 갈등을 조정하며 때로는 시간과 에너지를 들여 문제를 해결했다. 그 결과, 지현 씨는 누구에게나 우호적이고 협력할 수 있는 사람으로 인식되었다.

적을 만들지 않는 사람들은 상대를 높이는 태도를 유지한다. 이들은 상대방의 기여를 인정하고 협력적이며 존중하는 태도로 갈등을 방지한다. 크리스틴 피어슨^{Christine Pearson}과 크리스틴 포라스^{Christine Porath}의 『무례함의 비용^{The cost of Bad Behavior}』이라는 책에서 직장인의 80%가 회사에서 존중받지 못한다고 느끼며, 95%가 무례한 행동을 경험하거나 목격한다고 말했다. 이는 존중과 예의가 조직 내에서 매우 중요한 요소임을 보여준다. 적을 만들지 않는 사람들은 자신의 성과보다는 팀 전체의 성과를 우선시하며, 협력을 통해 지속 가능한 성공을 만들어 낸다.

지현 씨의 사례에서 볼 수 있듯이, 타인을 돕고 존중하는 태도는 팀 전체의 성과로 이어진다. 협력적 리더십을 통해 부드럽게 갈등을 해결하며, 상대방의 기여를 인정하는 태도를 유지한다. 이러한 행동은 일시적인 성과가 아닌 지속 가능한 신뢰를 바탕으로 성과를 창출해낸다.

조직 내에서 적을 만들지 않는 사람들은 부드럽고 유연한 태도로 누구와도 갈등 없이 관계를 맺을 수 있는 능력을 지니고 있다. 이러한 능력은 모호한 상황에서 더욱 빛을 발하며, 갈등을 예방하고 성과를 창출하는 데 중요한 역할을 한다.

협력과 우호성은 단순한 업무 능력 이상의 가치로 평가된다. 이들은 상대방의 의견을 존중하고, 협력의 가치를 최우선으로 생각하며,

전환에 힘을 불어줄 사람의 힘 ◆

303

융통성 있는 해결책을 제시함으로써 팀의 성공을 이끈다.

결국, 적을 만들지 않는 사람은 협력적인 태도를 바탕으로 조직과 커뮤니티에서 긍정적인 변화를 이끄는 힘을 가지고 있으며, 그들의 리더십은 갈등을 해결하고 성과를 창출하는 중요한 요소가 된다.

상황에 따라 유연하게
변하는 사람

"성공적으로 변화에 적응한다는 것은 과거를 버리는 것이 아니다. 진정한 변화는 과거의 토대 위에 구축하는 것이다."

— 로널드 A. 하이페츠, 하버드대 리더십 센터 공동 설립자

카멜레온처럼 유연하게 자신의 역할을 수행하는 사람들이 있다. 이들은 단순히 직책에 얽매이지 않고, 상황에 맞춰 자신의 역할과 책임을 명확히 이해하며 실력을 발휘한다. 업무에서 중요한 것은 나이, 경력, 사회적 위치가 아니라, 그 순간의 역할을 얼마나 잘 수행하는지에 달려 있다. 이런 유연성은 업무 환경이 복잡할수록 더욱 중요해지며, 역할 조정을 원활하게 하는 것은 팀 성과에 큰 영향을 미친다.

최근 몇 년간 맥도날드 매장에서 시니어 크루들을 자주 보게 된

다. 나이 지긋한 분들이 테이블을 닦고 주문을 받거나 서빙하는 모습이 처음에는 다소 낯설게 느껴졌다. '패스트푸드점은 젊은이들의 일터'라는 인식이 강했기 때문이다. 그러나 시간이 지나면서 이들은 중요한 구성원으로 자리 잡았고, 손님들도 자연스럽게 받아들이게 되었다. 처음 맥도날드가 시니어 고용을 시작했던 2013년에는 세대 간 갈등이 많았다. 나이 많은 직원들은 신중한 결정을 선호했지만, 젊은 리더들은 빠른 결정을 요구했다. 시간이 흐르며 세대 간 조화가 이루어졌고, 시니어와 젊은 직원들이 함께 일하는 모습은 더 이상 낯설지 않다. 이는 상황에 따라 역할이 유동적으로 변할 수 있음을 보여주는 좋은 사례이다.

이런 현상은 로버트 드 니로와 앤 해서웨이가 주연을 맡은 영화 〈인턴〉 속에서도 잘 나타난다. 영화 속 벤 휘테커(로버트 드 니로 분)는 성공적인 커리어를 쌓은 70세 퇴직자이지만, 다시 일하고 싶은 열망에 인터넷 쇼핑몰 회사의 인턴으로 들어간다. 젊은 CEO 줄스 오스틴(앤 해서웨이 분)과 팀원들은 처음엔 벤을 어떻게 대해야 할지 몰라 난감해한다. 그러나 벤은 자신의 경험을 살려 팀원들에게 신뢰를 얻고, 팀의 중요한 일원으로 자리 잡는다. 나이와 상관없이 조직 내에서 유연하게 행동하며 자신의 가치를 새롭게 증명해 나가는 모습이 인상적이다.

시니어 고용은 단순히 인력 부족을 해결하는 것을 넘어, 세대 간의 교류와 배움을 촉진하는 기회가 된다. 현재 맥도날드의 시니어 크루는 650여 명에 달하며, 이들은 젊은 직원들과 협력하며 매장의 원활한 운영을 돕고 있다. 친절한 서비스와 안정감은 물론, 인내와 꾸준함으로 젊은 직원들에게 귀감이 되기도 한다. 이들은 나이에 관계없이 중요한 일을 수행하며, 조직 내에서 자신만의 가치를 만들어 가고 있다.

그러나 이런 유연한 역할 변화가 항상 순조로운 것은 아니다. 경력자나 리더가 프로젝트의 멤버로서 팔로워 역할을 맡아야 할 경우, 경험을 바탕으로 과도하게 간섭하여 팀 발전을 방해할 가능성이 있다. 역할 변화에 대한 저항이 지속되면 팀워크와 성과에 부정적인 영향을 미친다. 반면, 상황에 맞게 유연하게 조정하는 사람들은 자존심보다 실력을 중시하고 맡은 역할에 최선을 다해 팀에 기여한다. 이러한 유연성은 직장 내·외 리더십과 팔로워십 모두에 적용되며, 갈등을 줄이고 성과를 높이는 중요한 역할을 한다.

유진 씨의 이야기는 유연성이 직장 내에서 얼마나 중요한지를 잘 보여준다.

유진 씨는 재무팀에서 근무를 시작하며 철저한 분석력과 신중한 판단으로 두각을 나타냈다. 하지만 회사의 전략적 변화로 마케팅팀으로 이동하게 되면서, 낯선 환경에 당황하기도 했다. 그러나 그는 빠르게 적응하기로 마음먹고 마케팅에 필요한 지식을 공부하며 시장 트렌드를 분석하기 시작했다. 동시에 재무에서 쌓은 전문성을 마케팅 전략에 접목하는 융합적 접근을 통해 새로운 가치를 창출했다.

"처음에는 모든 것이 낯설고 어려웠지만, 재무 지식을 마케팅에 적용해 보니 예상치 못한 시너지가 생겼습니다."

유진 씨는 자신의 강점을 살려 새로운 역할을 창의적으로 변형하며 성과를 냈다. 상황에 맞춰 역할을 재해석하고, 필요한 기술을 습득함으로써 마케팅팀에서도 핵심 인력으로 자리 잡게 되었다. 그의 노력과 유연한 태도는 조직 내에서 중요한 기여를 가능하게 한 원동력이 되었다.

역할 변화에 저항이 발생할 경우, 팀 성과에 부정적인 영향을 미칠 수 있다. 그러나 자존심을 내려놓고 역할을 명확히 이해하여 팀에 기여하는 사람들은 팀워크를 강화하며 성공적인 성과를 이끌어 낸다. 결국, 상황에 맞게 유연하게 변화하는 사람들은 자신에게 주어진 역할을 완수하며 팀의 성공을 이끈다. 이들은 단순히 자존심을 내세우지 않고, 실력과 자신감으로 팀의 성과에 기여한다. 역할이 변할 때도 불평하거나 저항하지 않고 팀 전체를 위해 협력적인 자세를 취한다. 유연성은 조직의 성과와 팀워크를 강화하는 데 중요한 역할을 하며, 성공적인 팀은 상황에 따라 리더와 팔로워 역할을 전환할 수 있는 능력이 중요한 요소가 된다.

방향을 제시하는
사람

도경민 팀장은 팀원들이 기대에 미치지 못하고 자신의 뜻대로 움직이지 않는다는 생각에 답답함을 느끼며, "내 맘 같지 않다"는 말을 종종 내뱉곤 했다. 회사에서 코칭 리더십 프로그램이 도입되었지만, 그는 회의적인 태도로 관심을 두지 않았다. 그러나 팀 성과와 소통 문제가 지속되자, 상사의 권유로 마지못해 프로그램에 참여하게 되었다. 하지만, 첫 세션에 들어가며 '이런다고 달라질까?'라는 의구심을 품었다.

코칭 첫날, 코치는 도경민 팀장에게 의미심장한 질문을 던졌다.

"팀장님께서 늘 '내 맘 같지 않다'고 느끼실 때, 그 기대하는 '마음'은 구체적으로 무엇인가요? 팀원들이 어떻게 행동하기를 바라셨나요?"

"그 기대가 팀원들에게 명확하게 전달되기 위해 어떤 방식을 시도해 보셨나요?"

이 질문을 듣는 순간, 도경민 팀장은 뒤통수를 맞은 듯 충격을 받았다. 팀원들에게 자신의 기대를 구체적으로 전달하지 않았다는 사실을 처음

전환에 힘을 불어줄 사람의 힘

으로 깨달은 것이다. 그는 팀원들이 자신의 생각을 알아서 헤아려주길 바랐지만, 정작 기대를 명확히 표현하지 않았다는 점이 문제였다. 그동안 느꼈던 답답함은 결국 소통의 부족에서 비롯된 것이었다.

"팀원들은 팀장님을 어떻게 보고 있을까요? 그들의 입장에서 팀장님은 어떤 모습일까요?"

이 질문에 도경민 팀장은 더욱 깊은 생각에 빠졌다. 그동안 팀원들이 자신의 기대와 의도를 충분히 이해하고 있다고 생각해 왔으나, 정작 팀원들의 관점에서 자신을 바라본 적은 한 번도 없었다. 팀원들은 그를 어떻게 보고 있을까? 그들의 눈에 팀장은 어떤 리더로 비쳤을까? 이 질문은 도경민 팀장이 팀원들과의 관계를 재평가하고, 리더로서 자신의 역할을 반성할 수 있는 중요한 계기가 되었다.

도경민 팀장은 코칭 질문을 통해 자신의 리더십에서 중요한 부분을 놓치고 있었음을 깨달았다. 그는 단순히 팀원들이 자신의 기대를 따라주길 바랐지만, 그 기대를 구체적으로 표현하거나 그들의 입장을 고려하지 않았다. 그동안 그는 팀원들이 자신의 생각과 같은 방향으로 행동하길 바랐으면서도 왜 그들이 알아서 이해해 주지 않느냐며 답답해했다. 그러나 코칭을 통해 자신의 기대를 명확히 전달하는 데 부족함이 있었고, 무엇보다 팀원들의 입장을 전혀 고려하지 않았다는 점을 깨닫게 되었다.

진정한 리더십은 단순히 지시하는 것이 아니라, 팀원들이 성과를 낼 수 있는 환경을 마련하고, 그들이 자신의 잠재력을 발휘할 수 있도록 지원하는 과정에서 나온다. 이 과정에서 공감과 명확한 소통은 매우 중요한 역할을 한다. 리더가 팀원들에게 구체적인 피드백을 제공하지 않거나, 문제를 모호하게 지적한다면 팀원들은 어떤 방향으로 나아가야 할지 혼란스러워하게 된다. 리더가 명확한 지시 없이 팀원들에게 기대만 한다면, 팀원들은 성장을 위한 기회를 놓치고 조직은 침체될 수밖에 없다.

만약 도경민 팀장이 코칭 이전처럼 여전히 팀원들의 감정을 무시하고, 자신의 생각만을 일방적으로 강요했다면, 팀원들은 그에게 점점 더 정서적 거리감을 느꼈을 것이다. 이는 성과 향상으로 이어지기는커녕, 오히려 팀원들에게 압박감을 심어주고, 의견이나 감정을 자유롭게 표현하지 못하게 만들었을 것이다. 결과적으로, 팀은 갈등과 불신에 빠져 협력과 성과를 기대하기 어려운 상황에 처하게 된다.

사티아 나델라Satya Nadella 마이크로소프트 CEO는 현대적 리더십 변화를 상징하는 대표적인 인물이다. 그는 취임 후 직원들에게 명확한 방향성을 제시하면서 동시에 그들의 성장을 지원하는 리더십을 보여주었다. 나델라는 직원들이 실수를 두려워하지 않고 창의적으로 도전할 수 있도록 격려했으며, 조직 문화에 '공감'이라는 핵심 가

전환에 힘을 불어줄 사람의 힘

치를 불어넣었다. 단순히 성과만을 강조하지 않고, 직원들이 자율적으로 문제를 해결하고 협력할 수 있는 환경을 조성함으로써 마이크로소프트를 다시 혁신적인 기업으로 변모시켰다.

> **"사람들은 당신이 얼마나 그들에게 신경 쓰는지 확인할 때까지는 당신이 얼마나 많이 아는지 신경 쓰지 않는다."**
>
> — 시어도어 루즈벨트, 미국의 제26대 대통령

이 말은 리더십에서 공감과 진정성이 얼마나 중요한지를 강조한다. 진정한 리더십은 단순히 목표를 향해 강력하게 추진하는 것이 아니라, 구성원들의 감정을 이해하고 그들의 필요에 적절히 대응하는 과정을 포함한다. 팀원들에 대한 관심을 바탕으로 타인을 이끄는 리더는 팀원들에게 영감을 주고, 성장을 위한 도전과 기회를 제공한다. 반면, 공감과 피드백이 결여된 리더십은 조직에 혼란을 초래할 수 있다. 명확하지 않은 방향성은 구성원들의 의욕을 저하하고, 결과적으로 팀워크와 성과에도 부정적인 영향을 미친다.

리더십은 단순한 기술적 능력이 아니라 인적 자원을 활용하는 중요한 도구다. 공감, 피드백, 명확한 방향 제시는 구성원들이 자신의 잠재력을 최대한 발휘할 수 있도록 돕는다. 진정한 리더십은 명령을 내리는 것이 아니라, 팀원들의 입장을 이해하고 최선의 성과를 낼 수 있도록 지원하고 격려하는 과정이다.

공감과 피드백은 상대방을 존중하는 것을 넘어 '당신은 충분히 할 수 있다'는 확신을 심어주는 강력한 힘이 있다. 이 과정에서 구성원들은 자신의 성장을 경험하고, 조직은 더욱 견고한 결속력을 갖추게 된다. 반면, 소극적인 리더나 동료는 주저하는 사람들을 방치함으로써 전체적인 성과에 부정적인 영향을 미칠 수 있다.

리더십은 공식적인 직책을 가진 사람만의 전유물이 아니다. 다양한 모임이나 커뮤니티에서 자발적으로 리더 역할을 수행하는 사람들을 종종 볼 수 있다. 이들이 앞장서는 이유는 단순히 자리를 차지하기 위해서가 아니다. 적극성과 책임감 있는 구성원들은 공동체 내에서 조정자로서의 역할을 인식하고, 조화로운 환경을 만들기 위해 노력한다. 이러한 조정자들은 공동체의 혼란을 방지하고, 구성원들의 의견을 조율하며, 개개인의 강점을 최대한 발휘할 수 있도록 돕는다. 궁극적으로 상호 이해와 협력을 촉진하여 공동체가 올바른 방향으로 나아가도록 이끈다.

모든 사람은 잠재적 자원이다. 리더의 역할은 이들을 제대로 이끌고 자신의 능력을 발휘할 수 있는 환경을 조성하는 것이다. 인간적이고 적극적인 리더십은 구성원들을 단순한 팀원을 넘어 성공적인 자원으로 변화시키며, 조직과 커뮤니티에 긍정적인 변화를 이끌어낸다. 공감 능력을 갖추고 구성원들을 세심하게 돌보며, 그들의 성장을 돕는 리더는 조직에 신뢰와 소속감을 불어넣어 지속적인 성장의 토대를 마련한다.

소통을 잘하는
사람

혼자만의 힘으로 꿈을 실현하는 것이 얼마나 어려운 일인지 누구나 쉽게 공감할 것이다. 성공을 위해서는 타인의 도움이 필수적이며, 이 과정에서 맺는 관계가 결정적인 역할을 한다. 단순히 일을 잘하는 것만으로는 신뢰를 얻거나 지속적인 성과를 내는 데 한계가 있다. 성공을 위해서는 일과 사람 사이의 관계를 이해하고 원활하게 소통하는 능력이 중요하다.

스탠퍼드대학 연구에 따르면 MBA 졸업생들의 사업 성공 요인을 조사한 결과, 가장 중요한 공통점은 상황과 대상을 불문하고 뛰어난 소통 능력이었다. 즉, 성공적인 커리어와 사업을 이끄는 데 있어 단순한 능력 이상의 것이 필요하며, 그 핵심은 '소통과 인간관계'라는 점이다. 많은 사람이 소통을 단순히 위트 있는 말이나 재치로 부드러운 분위기를 조성하는 것으로 생각하지만, 진정한 소통은 상대방의 입장을 이해하고 상황에 맞게 말과 행동을 조정하는 능력에서 비롯된다. 이러한 소통의 중심에는 '공감'이 자리 잡고 있다.

공감 능력이 뛰어난 사람은 자신의 의견을 고집하지 않고 상대방의 입장을 열린 마음으로 받아들인다. 이들은 단순히 개인의 업무 성과를 넘어 동료의 어려움을 이해하고 긍정적인 메시지를 전달할 줄 안다. 상대를 존중하고 그들의 입장을 고려하는 능력은 현대 소통의 핵심 요소로 자리 잡았다.

영국 경영학자 메러디스 벨빈Meredith Belbin의 연구는 이러한 점을 잘 보여준다. 그의 저서 『팀이란 무엇인가Management teams: why they succeed or fail』에서는 최고의 인재들로만 구성된 팀이 반드시 높은 성과를 낸다는 통념에 의문을 제기한다. 10년에 걸친 연구에서 벨빈은 경영 시뮬레이션을 통해 팀의 성과를 분석했다. IQ가 높고 개별적으로 뛰어난 성과를 보이는 인재들로 구성된 '아폴로 팀'의 실험 결과는 충격적이었다. 25개 아폴로 팀 중 우수한 성과를 낸 팀은 단 3팀뿐이었다. 대부분의 팀은 실패하거나 평균 이하의 성과를 기록했다.

벨빈은 이러한 현상의 원인을 팀 내 '과도한 논쟁과 갈등'에서 찾았다. 뛰어난 개인들은 각자의 능력과 자존심으로 인해 자신의 의견만을 고수하며 불필요한 논쟁에 몰두했다. 협력보다는 개인의 주장을 관철하려 했고, 타협을 거부하는 태도가 팀 내 갈등을 심화시켰다. 이를 '아폴로 신드롬Apollo Syndrome'이라 부른다. 아폴로 신드롬은

전환에 힘을 불어줄 사람의 힘

최고의 인재들이 모였다고 해서 반드시 최고의 성과가 보장되지 않는다는 중요한 교훈을 제공한다. 팀의 성공을 위해서는 구성원들 간의 협력, 조화, 그리고 효과적인 역할 분담이 필수적이다.

팀 내에서 소통의 중요성을 보여주는 또 다른 사례로 민지 씨와 그녀의 팀을 들 수 있다.

민지 씨는 IT 프로젝트 매니저로서 다양한 부서 간 원활한 소통을 책임지고 있었다. 어느 날, 주요 마일스톤을 앞두고 긴급한 기술적 문제가 발생하면서 팀원들 사이에 의견 충돌이 시작되었다. 개발팀은 일정 연기를 주장했고, 마케팅팀은 예정된 출시일을 반드시 지켜야 한다고 맞섰다. 이때 민지 씨는 각 팀원의 의견을 차분히 경청하며 그들이 직면한 문제를 깊이 이해하려 노력했다. 그녀는 자신의 입장만을 고수하지 않고, 서로의 관점을 반영한 창의적인 해결책을 제시했다.

"개발팀의 우려 사항을 충분히 이해합니다. 동시에 마케팅팀의 출시일 요구도 중요한데, 우선 중간 단계에서 해결 가능한 부분부터 점진적으로 적용하면 어떨까요?"라고 제안하며, 두 팀이 상호 협력할 수 있는 방향으로 대화를 이끌었다.

결과적으로 민지 씨의 탁월한 조정 능력 덕분에 팀원들은 서로의 입장을 이해하고 합리적인 타협점을 찾을 수 있었다. 프로젝트는 성공적으로 마무리되었고, 개발팀과 마케팅팀은 오히려 초기보다 더 단단한 협력 관계로 발전했다.

사람은 누구나 인정받고 싶어 한다. 특히 똑똑한 사람일수록 자신의 능력을 증명해야 한다는 부담감을 더 많이 느끼기 마련이다. 그로 인해 상대방의 의견을 수용하기보다는 자신의 생각을 고집하게 되고, 이러한 상황이 반복되면 소통은 사라지고 결국 개인 업무에만 몰두하는 결과를 초래한다.

앞서 언급했던 아폴로 팀의 경우 팀원 중 한 명이라도 상대의 의견을 경청하고, 포용하는 태도를 보여주었다면, 아폴로 신드롬이라는 실패를 피할 수 있었을 것이다. 사전에 충분한 대화를 통해 서로를 이해하는 과정이 있었다면, 팀은 더 나은 성과를 낼 수 있었을 것이다.

소통의 중요성을 말할 때, 단순히 경청을 강조하는 것만으로는 충분하지 않다. 소통을 잘하는 사람들은 경청을 넘어 '3감(감탄, 감동, 감사)과 3S$^{Story, Specific, Soon}$'라는 소통 기술을 활용해 깊이 있는 관계를 만든다. 이 접근법은 단순한 말 한마디 이상의 감정적 연결과 피드백을 통해 관계를 강화하고, 상호 신뢰를 쌓는 데 도움을 준다.

감탄(Admiration) + 과정(Story)

'감탄'은 상대방의 노력을 진심으로 인정하고 깊이 있게 칭찬하는데서 시작한다. 이는 "좋았어요"와 같은 단순한 말을 넘어 상대방의 노력을 깊이 이해하고 그 과정을 진심으로 인정하는 것이다.

전환에 힘을 불어줄 사람의 힘

예를 들어, 보고서 작성에 어려움을 겪던 윤 대리가 좋은 결과물을 만들기 위해 주말 내내 노력했다고 가정해 보자. 이때 김 과장이 "잘했어"라고 말하는 것과 "주말 내내 작업하느라 정말 수고했어. 애써준 노력에 정말 감사해."라고 말하는 것에는 큰 차이가 있다. 전자는 결과만을 강조하지만, 후자는 윤 대리가 기울인 노력 자체를 인정하고 존중하는 태도를 보여준다.

성과는 늘 일정하지 않을 수 있지만, 노력은 반복될 수 있다. 따라서 그 과정에 대한 진심 어린 감탄은 상대방을 지속적으로 동기 부여할 수 있다. 이를 위해서는 감탄의 기준을 적절히 조정하는 것도 중요하다. 기준이 지나치게 높으면 상대방의 노력이 쉽게 간과되거나 무시될 수 있고, 이는 결국 갈등을 야기하여 아폴로 팀과 같은 비생산적인 상황으로 이어질 수 있다.

감동(Emotion) + 구체적(Specific)

소통을 잘하는 사람은 구체적이고 세심한 표현으로 깊은 감동을 전달한다. 카네기 공대의 조사 결과에 따르면, 성공한 사람들의 85%가 그 비결을 인간관계에서 찾는다는 점이 이를 뒷받침한다. 구체적인 표현은 단순한 말보다 훨씬 더 강력한 힘을 지닌다. 이는 상대방에게 깊은 인상을 남기고, 그들의 세부적인 노력을 세심하게 인정해 주기 때문이다.

예를 들어, 김 과장이 "자료 조사 열심히 했네"라고 말하는 대신

"윤 대리, 이 자료는 지난달 초에 나온 UN 최신 자료인데 직접 번역해서 활용한 거야? 정말 대단해!"라고 말했다면 어떨까? 아마도 윤 대리는 주말 내내 정성껏 번역하고 정보를 수집한 자신의 노력을 온전히 인정받은 느낌을 받을 것이다.

이러한 구체적이고 진심 어린 격려는 상대방이 자신의 일을 세심하게 살피고 있다는 느낌을 주며, 더욱 열심히 하고자 하는 내재적 동기를 강화시킨다.

감사(Gratitude) + 곧바로(Soon)

미국의 차세대 종교 지도자 조엘 오스틴^{Joel Osteen}은 책 『긍정의 힘 ^{Your Best Life Now}』에서 긍정적인 생각과 말을 하는 사람일수록 더 강하고 고통에서 빨리 벗어나는 경향이 있다고 강조했다. 긍정적인 말은 희망과 에너지를 전달하며 마음의 문을 연다. 그 중심에는 바로 '감사'가 있다. 감사는 관계를 강화하는 중요한 요소이다. 사람들은 사소한 일에도 감사 인사를 받고 싶어 한다.

중소기업을 경영하는 김 대표는 이런 감사를 일상에서 실천하며 직원들에게 존경받는 리더가 되었다. 과연 김 대표는 어떻게 구성원의 마음을 사로잡았을까? 그는 사소한 업무라고 해도 직원들에게 "감사합니다", "고맙습니다"라는 말을 자주 하며, 이를 통해 직원들의 노력을 인정하고 지지했다.

"상대방의 부족함은 누구나 쉽게 알아챌 수 있지만, 상대의 노력

전환에 힘을 불어줄 사람의 힘

을 알아보는 데는 더 깊은 관찰이 필요합니다"라는 그의 말처럼 감사는 상대의 노력을 존중하고 격려하는 강력한 메시지다. 그리고 이러한 감사의 표현은 조직의 성과에도 긍정적인 영향을 미친다. 특히 시기적절한 피드백은 상대방의 동기부여를 유도하며 진심을 전달할 수 있다. 반면, 시기를 놓친 칭찬은 오해나 불편함을 초래할 수 있다. 따라서 감사의 표현은 가능한 한 곧바로 전달해야 한다. 빠른 피드백은 즉각적인 보상감을 주고 더 열심히 일할 동기를 제공한다.

3감(감탄, 감동, 감사)과 3S(Story, Specific, Soon)는 단순한 기술이 아닌 관계의 깊이를 만들어 내는 중요한 방법이다.

구체적인 칭찬과 적절한 타이밍에 감사의 뜻을 전하는 소통은 신뢰와 소속감을 강화하고 인간관계뿐만 아니라 업무 성과와 팀워크에도 긍정적인 영향을 미친다. 스티븐 호킹 박사는 "사람이 실패하는 가장 큰 원인은 공격성"이라고 말했다. 현대 사회에서 더 이상 공격적인 태도는 성공을 보장하지 못한다. 그보다는 공감과 소통이 성공을 이끄는 핵심이다.

오늘날 성공한 사람들은 자신과 타인을 자원으로 활용하는 능력을 지니고 있다. 이들은 어디서나 환영받고 적을 만들지 않으며, 상황에 따라 유연하게 대처하며 상대가 성장할 수 있도록 돕는다. 진정한 공감과 소통을 바탕으로 신뢰를 쌓아 전환의 순간마다 큰 역할을 한다.

전환은 선택의 연속이다. 자신의 전환에 도움을 줄 수 있는 사람을 만나기 위해 어떤 준비가 필요할까? 다른 사람의 전환을 돕기 위해 자신은 어떤 준비를 해야 할까? 성실함, 우호적 태도, 유연한 소통을 바탕으로 전환의 여정에 힘을 실어주는 사람이 되어보자.

1. **어딜 가도 환영받는 사람 : 성실성과 신뢰를 바탕으로 안정감을 주는 사람**

- 신뢰받고 환영받는 사람의 말과 행동, 태도는 어떤 점에서 다른가?

  _____

- 성실함을 높이기 위해 일주일 동안 매일 실천할 수 있는 간단한 행동을 적어보자(예: 매일 아침 하루 계획을 작성하고 저녁에 점검하기).

  _____

2. **적을 만들지 않는 사람 : 갈등을 피하고 긍정적인 관계를 유지하는 사람**

- 갈등 없이 부드럽게 관계 맺는 사람의 말과 행동, 태도는 어떤 점에서 다른가?

  _____

- 우호성을 높이기 위해 일주일 동안 매일 실천할 수 있는 간단한 행동을 적어보자(예: 대화를 나눌 때 상대방의 긍정적인 면을 관찰해 한 가지 이상 인정과 칭찬의 말 전하기).

  _____

3. 상황에 따라 유연하게 변하는 사람 : 변화에 빠르게 적응하고 새로운 기회를 발견하는 사람

- 상황에 맞게 유연하게 행동하는 사람의 말과 행동, 태도는 어떤 점에서 다른가?

_____

- 유연성을 강화하기 위해 일주일 동안 매일 실천할 수 있는 간단한 행동을 적어보자(예: 예상치 못한 상황이 발생할 때 긍정적인 측면을 찾아보는 연습하기).

_____

4. 방향을 제시하는 사람 : 명확한 목표와 비전을 통해 길을 안내하는 사람

- 명확하게 방향을 제시하는 사람의 말과 행동, 태도는 어떤 점에서 다른가?

_____

- 방향 제시 능력을 높이기 위해 일주일 동안 매일 실천할 수 있는 간단한 행동을 적어보자(예: 목표를 명확히 정의하고 이를 실행 가능한 단계로 나누기).

_____

5. 소통을 잘하는 사람 : 공감과 피드백을 통해 관계를 강화하는 사람

- 소통을 잘 하는 사람의 말과 행동, 태도는 어떤 점에서 다른가?

  _____

- 소통 역량을 강화하기 위해 일주일 동안 매일 실천할 수 있는 간단한 행동을 적어보자(예: 하루에 한 번은 상대방의 말을 끝까지 경청하기).

  _____

에필로그

다시 전환의 길 앞에 서서

어떤 시대든 '먹고사는 문제'는 중요했습니다.

지금을 살아가는 우리에게도 예외는 아니죠.

하지만 이 문제를 '잘 살기 위한 과정'으로 바라본다면,

결국 우리는 각자의 방식으로 더 나은 삶을 찾아가는 여정을 걷고

있는 것인지도 모릅니다.

삶에 정답이 있을까요?

개인의 인생에 정해진 공식이 있을까요?

잘 사는 법에 대한 절대적인 답이 존재할까요?

아마 아닐 겁니다.

그렇다면, 한 번쯤 멈춰 생각해 봐야 합니다.

내가 바라보는 시선의 높이,

내가 내린 판단과 행동의 기준,

그리고 사람들과의 관계에서 느낀 감동과 갈등.

이 모든 것이 내가 원하는 삶의 방향과 정말 가까운지 말이죠.

만약 그렇지 않다면,

지금까지의 시선을, 사고방식을, 관계의 방식을 바꿔볼 필요가 있습니다.

새로운 도구와 자원을 찾아 전환의 계기를 만드는 것.

이것이야말로 더 나아지기 위한 출발점입니다.

우리는 지금 '대전환의 시대'를 살고 있습니다.

이 변화 속에서 전환은 선택이 아니라 필수불가결한 과정입니다.

이 책은 새로운 시선으로 전환의 문을 열고자 하는 모든 이들을 위한 안내서입니다.

나아갈 방향을 고민하는 여러분이 시선과 생각, 관계, 도구, 자원을 다르게 바라볼 용기를 얻길 바랍니다.

전환을 앞둔, 전환 중인, 전환을 마무리하는

모든 당신을 응원합니다.

잠시 멈추어 생각을 모아보았던
아홉 사람들로부터

내일 전환

초판 1쇄 인쇄 2025년 1월 14일
초판 1쇄 발행 2025년 2월 25일

지은이 김미주 문미경 박성우 박영준 오경화 유민희 윤종세 이병철 정일진

편집 정아영
마케팅 총괄 임동건
마케팅 안보라
경영지원 임정혁 이순미

펴낸이 최익성
펴낸곳 플랜비디자인

표지 디자인 스튜디오 사지
본문 디자인 박은진

출판등록 제2016-000001호
주소 경기도 화성시 동탄첨단산업1로 27 동탄IX타워 A동 3210호

전화 031-8050-0508
팩스 02-2179-8994
이메일 planbdesigncompany@gmail.com

ISBN 979-11-6832-163-2 (03320)